DAS DORES

Marcos Bassini

DAS DORES

Cobogó

O Núcleo de Dramaturgia Firjan SESI foi criado em 2014 com o objetivo de descobrir e desenvolver novos autores de teatro no estado do Rio de Janeiro. De cada turma, selecionada através de inscrições, resultam textos inéditos, publicações e a montagem de um espetáculo teatral na rede de teatros da Firjan SESI.

De março a dezembro de 2019, os novos autores tiveram a oportunidade de trocar experiências e estimular a criação de dramaturgias que expressem novas visões de mundo e dialoguem com diferentes públicos. Tudo isso através de estudos, oficinas, palestras, bate-papos e leituras voltadas à formação em dramaturgia.

Os textos desenvolvidos foram encenados na Terceira Semana do Núcleo de Dramaturgia Firjan SESI, realizada em outubro de 2019 no Instituto Oi Futuro – Flamengo, parceiro do projeto. Na ocasião também foram promovidas conversas com nomes importantes do teatro brasileiro.

Esta publicação apresenta uma das várias dramaturgias finais desenvolvidas pela quinta turma (2019), resultado do estudo, da pesquisa e do turbilhão criativo que envolveu os 15 participantes nesses dez meses de Núcleo.

Boa leitura!

Divisão de Cultura e Educação
Firjan SESI

SUMÁRIO

O lado de cima de uma dramaturgia,
por Diogo Liberano   9

DAS DORES   19

Marcos Bassini (org.),
por Marcos Bassini   141

O lado de cima de uma dramaturgia

Uma mulher no chão de uma cidade segura um caco de vidro contra a própria garganta enquanto mantém nos braços o corpo de seu filho recém-assassinado pela polícia. Essa imagem aparecerá diversas vezes em *Das Dores*, dramaturgia criada pelo autor Marcos Bassini durante as atividades da quinta turma (2019) do Núcleo de Dramaturgia Firjan SESI. Como uma espécie de refrão, tal imagem parece querer nos lembrar de que alguém foi injustamente assassinado e, sobretudo, de que a existência de algumas pessoas é uma luta constante para que consigam permanecer vivas.

Mulher, cidade, caco de vidro, garganta, filho assassinado: ingredientes que compõem uma imagem propriamente poética, isto é, diferente do que, talvez, estejamos acostumados a ver diariamente. Por meio dessa imagem poética, Bassini expõe um fato que não se permite ser ultrapassado, que se mantém exposto e explícito, fato emergencial e em chão público publicado. A carne do corpo do filho morto não deve ser sepultada, pois restando insepulta ela nos impede de esquecer das violências policiais e governamentais; é mantendo o corpo morto ainda quente que a presente dramaturgia nos convida a responder à nossa realidade contemporânea, denunciando suas perversas engrenagens e propondo algum instante fraterno em meio a tanta dor.

Durante os dez meses de atividades da quinta turma do Núcleo de Dramaturgia, de março a dezembro de 2019, realizamos 38 encontros, cada qual com três horas e meia de duração, um por semana. Nesse longo percurso, a pergunta que nos animava era menos o que é dramaturgia e mais o que uma dramaturgia poderia ser. O que você deseja que a sua dramaturgia possa ser? É em resposta a tal indagação que a narrativa de Bassini se conjura e apresenta, gestada pelos desejos do autor quando frente aos desafios da criação dramatúrgica no hoje em dia.

Diríamos, pois, que nada falta ao desejo, porque o corpo de um desejo é sempre uma imagem. Ao desejarmos, isto é, ao imaginarmos, a imagem imaginada não carece de nada fora dela para se realizar, ela já se realiza enquanto tal (desejo, imagem, realização). É nesse sentido que, nesta dramaturgia, a imagem é dada desde o início: diante da mulher no chão da cidade, com vidro e filho morto em mãos, Bassini compõe a história de um autor teatral que escreve uma nova peça afetado pelas dores de mães que perderam e seguem perdendo filhos para a truculência policial.

No palco da dramaturgia, em sua cena, há o autor, uma mãe em protagonismo, seu filho (ora vivo, quase sempre morto) e uma série de outros personagens que transitam entre diversas linhas narrativas minuciosamente costuradas e sobrepostas: 1) a história da personagem Maria das Dores sendo encenada numa peça teatral; 2) a história análoga do mito de Antígona (que enterra o corpo de seu irmão morto voltando-se contra as leis da cidade); e 3) a história do encontro entre o Autor e Neuza, a mãe que perdeu seu filho e inspira a vida da personagem Maria das Dores.

Ao possibilitar que seu texto discurse sobre o processo de sua própria composição, Bassini faz com que a vida de Maria acabe sendo, simultaneamente, tanto vida como texto, pois para dar vida ao texto é preciso mexer nas linhas da vida dessa mulher que é representativa de tantas outras. Num exercício escritural que intencionalmente confunde e aproxima arte e vida, esta dramaturgia abre perguntas vigorosas não apenas para o labor da escrita, mas também para o escrever de nossas próprias vidas. Aqui, importa menos o desfecho e mais o percurso: para que possamos acompanhar as maneiras pelas quais os acontecimentos se dão, para que possamos sinalizar os irresponsáveis gestos daqueles que matam e, sobretudo, para que possamos tocar na perseverante força de mulheres que bradam sua dor como grito, escudo e arma.

Amparado e movido por um punhado de desejos e interesses pessoais, Bassini se permite escrever sua dramaturgia de um modo liberto das normas que diriam que isso convém e aquilo talvez não convenha ao texto. Ora escrito em prosa, ora em verso, o texto também se inscreve com partituras musicais que revelam sons interiores ao texto e externalizáveis em imaginações audiovisuais que nós, leitores, fazemos. As rubricas indicam espaços, algum cenário, ações e gestos dos inúmeros personagens, sugerindo também relações entre esses e o público. Ainda que, enquanto uma dramaturgia, tal texto possa ganhar os palcos por meio de uma encenação teatral, a performance do texto já está agindo no próprio texto escrito: é na leitura das palavras que os acontecimentos se fazem acontecer e é por meio da leitura que somos deslocados entre intensidades e densidades múltiplas, num propositivo exercício físico para imaginações que não temem suar. Apresentando uma história composta por linhas narrativas diversas, a estruturação do texto, no entanto, não investe na costura de um capítulo no outro. É uma dramaturgia editada de modo cortante e sucinto, pouco interessada em transições entre os seus diversos capítulos. Cada um recebe um título que informa de modo objetivo o que nele acontece, ao mesmo tempo, cada capítulo é aquilo que deseja e precisa ser: alguns são curtíssimos, compostos por apenas uma fala ou canção, outros são maiores, bem maiores. Percebe-se assim que o desejo desconhece modelos e moldes, ele precisa abrir caminhos e o faz por meio de modos específicos. Esta dramaturgia, mais do que buscar uma estrutura que encerre aquilo que apresenta, parece reunir estilhaços de situações escritas numa escala pequena, fragmentária, mas não menos intensivas.

É nesse novelo de capítulos e situações que a cidade atravessa o texto, vestida em personagens transeuntes que trafegam uma grande diversidade de corpos, discursos e posições sociais. É atravessada por esse enxame humano que a dor de Maria das Dores é não apenas vista, mas também amplificada: Maria, mulher e mãe, Maria nome-esponja: nela, com ela e por meio dela, sobrevivem outras mulheres que padeceram e seguem padecendo de uma mesma violência.

Nesta dramaturgia, a palavra escrita se apresenta não somente em diálogos e rubricas, mas também em 14 canções originalmente compostas por Bassini. Por meio delas, tocamos de um modo mais rente nos acontecimentos vividos pelos personagens da trama, tridimensionalizando ainda mais as intensidades do que lhes acontece. Tal como a imagem-refrão da mãe com o vidro na garganta, os refrões das canções, mais do que meras repetições, destacam os abusos, abandonos e anseios dos personagens. E mais: são canções escritas tanto por meio de palavras como por partituras musicais. Um tipo outro de grafia que escreve não apenas o sentido dos versos cantados, mas também um punhado de sonoridades, andamentos e tons. Até onde uma dramaturgia pode ir? Se depender de Marcos Bassini, dramaturgia é muito mais do que nos disseram que ela poderia ser. Desafiando normas e padrões, o autor e sua dramaturgia reforçam uma tarefa política importante do gesto dramatúrgico: lembrar que nem texto, nem vida ainda estão prontos, que ambos seguem se escrevendo.

Maria das Dores abaixa a mão com o caco de vidro.

MARIA DAS DORES:
Eu agradeço sua prestatividade
mas se aceitasse, seria também cínica
pois a obra tem várias mãos no entalhe
da peça. E eu é que tenho filho à míngua

Volta a pressionar o caco de vidro contra o pescoço.

MARIA DAS DORES:
Daqui saio, eu lhe juro, sem alarde
Se me trouxer o responsável lá de cima

Maria das Dores insiste para que tragam o responsável pelo crime de seu filho. O responsável parece estar lá em cima. Talvez ela esteja se referindo a Deus, reivindicando a sua presença. Mas, durante a leitura, eu me pergunto: onde fica o lado de cima de uma dramaturgia? Quem está sobre o texto e, de cima, olha as dores de Maria? Com algum desconforto, me percebo ocupando essa posição durante a leitura. O responsável também sou eu, leitor do texto. Não propriamente responsável pela morte do filho de Maria, mas sem dúvida alguma sou um potencial responsável por seu possível esquecimento.

Eis o embate que o texto abre não apenas com seus leitores, mas também com o personagem Autor, que é também um pouco de Marcos Bassini. Que diferença pode um texto produzir quando diante da massacrante realidade? Tanto o Autor quanto Marcos, o autor do Autor, talvez queiram acreditar que a literatura possa oferecer algo à vida. Eis, no entanto, uma ignorância que não se escreve com metáforas: tal dramaturgia nada pode diante das imensas e diversas dores de inúmeras e distintas mães em nosso massacrado Brasil. No entanto, é estando ciente de que nada pode que tal dramaturgia exerce sua impotência não para ganhar do real, mas para revistá-lo, não como faria a truculência estatal, mas com a delicadeza persistente que somente a poesia pode operar.

É assim que a vida do filho morto de Maria, nesta dramaturgia, é coisa que sobrevive um pouco mais do que sobreviveu em vida. A dramaturgia oferece à vida a possibilidade de durar um pouco mais, oferece outra duração àquilo que em vida já foi e teria sido encerrado. Um instante ínfimo, talvez, mas que via literatura produz outros fechos e desfechos para a vida em sociedade. Que assim seja, portanto: que, ciente das dores, as dramaturgias sigam podendo contar às vidas suas possíveis e vindouras alegrias.

Das Dores é saldo do último jogo realizado pela quinta turma, intitulado Jogo #5 – Dramaturgia final, que teve início em fins de setembro de 2019, com a entrega de suas regras à turma. No início de outubro, cada autor(a) realizou um encontro individual comigo, no qual fizemos a leitura de um breve texto (no mínimo três, no máximo cinco páginas) que listava os desejos que animavam a criação de cada dramaturgia final. Nesse encontro-conversa, com duração de uma hora, abriram-se caminhos, perguntas, referências e procedimentos para o processo de composição textual. Um mês após esse encontro, já início de novembro, a primeira versão do texto (completa ou não) foi enviada a mim. Fiz uma única leitura comentada e enviei para o(a) respectivo(a) autor(a) um arquivo de áudio com tal leitura. A versão final da dramaturgia, com no mínimo 31 páginas, foi enviada 15 dias após o recebimento dos meus comentários.

É difícil afirmar, no entanto, o momento exato em que esta dramaturgia começou a ser gestada, pois os encontros do Núcleo são estimulantes à criação, quer se saiba estar criando ou não. Eis um investimento: a coletividade daquele encontro específico de pessoas que, nutridas por um interesse comum (estudo e criação de dramaturgias), acabam compondo mais do que apenas textos, compõem também intimidade, confiança e mútuo respeito. Nesse sentido, *Das Dores* é também uma resposta textual e afetiva a um percurso que mesclou repertórios conteudísticos e subjetivos num espaço-tempo sempre dedicado à troca e à partilha. Esta foi e continua sendo uma das principais investidas do Núcleo: dedicar-se à diversidade de modos de criação dxs autorxs que compõem suas turmas a cada ano. Pois se esse projeto está interessado na formação de pessoas interessadas na escrita de dramaturgias, como determinar de antemão o que é dramaturgia? Há um modelo único do que deva ser uma dramaturgia? Ou ainda podemos inventar outros modos de compô-las?

Como coordenador do Núcleo, registro a minha profunda satisfação em, mais uma vez, ter a Cobogó publicando dramaturgias criadas por autoras e autores de nosso projeto. Já são nove: além de Bassini e *Das Dores*, também *cão gelado*, de Filipe Isensee, e *Pra onde quer que eu vá será exílio*, de Suzana Velasco. Somam-se a essas as publicações da quarta turma (2018): *SAIA*, de Marcéli Torquato, *Só percebo que estou correndo quando vejo que estou caindo*, de Lane Lopes, e *DESCULPE O TRANSTORNO*, de Jonatan Magella; e as dramaturgias da terceira turma (2017): *ROSE*, de Cecilia Ripoll, *Escuta!*, de Francisco Ohana, e *O enigma do bom dia*, de Olga Almeida.

Às autoras e aos autores da quinta turma do Núcleo – Agatha Duarte, Filipe Isensee, Gabriela Chalub, João Ricardo, Leonardo Hinckel, Lúcio Martínez, Marcos Bassini, Mayara Maximo, Paulo Barbeto, Sergio Lipkin, Sonia Alves, Suzana Velasco, Teo Pasquini e Tiago Torres –, agradeço pelas experiências que vivemos juntxs.

Em especial, agradeço ao coordenador de cultura e educação Firjan SESI, Antenor Oliveira, e aos analistas culturais Robson Maestrelli e Júlia Santos por tornarem possível a existência e a continuidade de um projeto tão importante para a dramaturgia brasileira.

Diogo Liberano
Coordenador do Núcleo de Dramaturgia Firjan SESI

DAS DORES

de **Marcos Bassini**

Para Maraysa Figueiredo

MARTÍN: Na verdade você está aqui só por egoísmo.

S: Por que você fala isso?

MARTÍN: Porque é verdade. Você está aqui só pra escrever seu livro.

Para que eu conte coisas.

Sergio Blanco, *Tebas Land*

PERSONAGENS

MARIA DAS DORES
FILHO
AUTOR
CURIOSO
MANIFESTANTE
TELESPECTADOR
VIZINHA
PATROA
CHEFE DE POLÍCIA
COZINHEIRA
PREFEITA
PROSTITUTA
MORADOR DE RUA
CATADOR 1
CATADOR 2
MORTALHA
MOTORISTA
PASSAGEIRA
GOVERNADOR

Maria das Dores está sentada no chão, com o Filho deitado nos braços. Parecem uma escultura. Cantam "Vai dormir".

FILHO:
Amor, eu serei para sempre teu chão
As paredes do meu coração
serão sempre um apoio
teu vão

com uma rede pro teu balançar
Para sempre serão teu lugar
Teu sonhar, teu esteio
oração

MARIA DAS DORES:
Senhor, dai-me forças pra ser quem não sou
A mulher que só vive de amor
Essa mãe que é mais
que emoção

Que de noite não pode dormir
quando o filho não diz "Tô aqui,
não morri,
vai dormir"

Vai dormir

O Autor atravessa o palco sem reparar na presença deles. Dirige-se ao público.

AUTOR:
Hoje é um dia muito importante. É a primeira vez que a Maria das Dores vem assistir a este musical inspirado na tragédia que ela viveu. E não trago aqui a palavra "tragédia" por acaso. Para mim a Maria é o maior exemplo do que seria uma Antígona contemporânea. Expliquei para ela que Antígona é uma figura da mitologia grega. E disse que na peça, escrita por Sófocles, o rei Creonte proibia que o corpo de Polinice, irmão de Antígona, fosse enterrado. Com essa determinação, a carne do rapaz ficaria exposta à fome de cães e abutres. Sua alma vagaria sem destino, impedida de descansar no mundo dos mortos. E quem desobedecesse ao tirano, sepultando Polinice, seria condenado ao apedrejamento. Antígona não se conformou. Enterrou o irmão e acabou sofrendo as consequências. Achei importante frisar que Creonte era tio de Antígona e de Polinice, fazendo com que a história fosse também sobre uma disputa de poder. O que, de certa forma, foi o que fez a Maria das Dores. A diferença é que ela enfrentou os governantes, não para sepultar mas para impedir que o corpo do filho fosse enterrado. Assim, a violência que ele sofreu e a responsabilidade pela sua morte não seriam escondidas. Infelizmente histórias como a dela são o cotidiano das periferias do nosso país. Por causa da violência, muitas mães não sabem se os filhos, que saíram de casa bem, vão voltar. Só quando voltam elas podem dar por encerrada a angústia que vai se renovar no dia seguinte. E depois novamente. E de novo. De novo.

O Autor se senta numa poltrona.

AUTOR:
Sempre quis contar a história de uma ou de algumas dessas mães. Mas para ter certeza de que eu estaria honrando a memória de seus filhos, concluí que era fundamental entender melhor o que elas viveram. Então fui a uma comunidade do Rio de Janeiro conversar com elas. E mais tarde, de noite, fui dormir com uma cena na cabeça. A imagem da Maria da Dores sentada no asfalto, com o filho nos braços.

Surgem as câmeras de TV. Maria das Dores coloca cuidadosamente o Filho deitado no chão. Fica de pé e pressiona um caco de vidro contra sua própria garganta.

MARIA DAS DORES:
Só saio quando vier o responsável
Entendedores: tá dado meu recado
Ou não haverá um enterro ou terá dois:
minha morte ao vivo pra audiência atroz

O Autor só agora parece reparar que Maria das Dores está ali.

AUTOR:
Você ainda está de pé?

MARIA DAS DORES:
O senhor não falou pra sentar.

AUTOR:
Imagina. Senta.

Ela se senta numa cadeira mais simples, ao lado da poltrona do Autor.

AUTOR:
E pode me chamar de você.

MARIA DAS DORES:
Se o senhor não se importar, prefiro chamar de senhor.

AUTOR:
Prefere?

MARIA DAS DORES:
Tem gente que não admite intimidade. Melhor não desacostumar.

AUTOR:
Então eu também vou chamar a senhora de senhora. Aliás, eu já devia ter feito isso desde o começo. A senhora aceita um café? Uma água?

MARIA DAS DORES:
Não precisa.

AUTOR:
Pode pegar.

Maria das Dores se levanta e se serve de café. Volta a sentar.

AUTOR:
A senhora sabe o que a gente vai ver hoje, não é?

MARIA DAS DORES:
Uma peça de teatro com a minha história.

AUTOR:
Isso. Um musical. Ou quase um musical. Tem poesia, também. Que nem *Morte e vida severina*, a senhora já ouviu falar?

MARIA DAS DORES:
Sim.

AUTOR:
É um auto de Natal de um poeta chamado João Cabral de Melo Neto.

MARIA DAS DORES:
Eu conheço.

AUTOR:
Foi musicado pelo Chico Buarque.

MARIA DAS DORES:
Eu já assisti.

AUTOR:
Só que, enquanto aquela peça falava dos Severinos que sofriam com a seca do Nordeste, a minha é sobre as Marias que sofrem com a violência que mora e invade as comunidades. Podemos começar?

Maria das Dores balança a cabeça afirmativamente. O Autor canta "Spoiler".

AUTOR:
A história começa do epílogo
num fim fácil de se alvejar

Aqui tiro não é festim
e já se nasce sabendo mortal

O enredo se evidencia
com spoiler à vista de todos
Pois a vida não é calmaria
pra quem se chama Maria das Dores

O Autor convida Maria das Dores a cantar. O cenário se transforma no interior de uma casa simples.

MARIA DAS DORES:
A noite de chumbo carmim
cai feito um tronco crivado ao luar
Roendo que nem um cupim
Os gens da árvore de outra Pietá

Mas pode chamar de Antígona
que em vez de enterrar quer dizer:
a lembrança de um filho (ou da filha)
a terra e os vermes não vão mais comer

Spoiler

Maria das Dores olha para o Autor.

MARIA DAS DORES:
Pietá.

AUTOR:
É um tema da arte cristã. Maria com o corpo de Jesus nos braços. Nossa Senhora da Piedade. Ou, se preferir, das Dores.

MARIA DAS DORES:
Nossa Senhora.

CAPÍTULO 1

DE MANHÃ CEDO, MARIA VAI ATÉ O QUARTO DO FILHO E ENCONTRA A CAMA AINDA ARRUMADA. ENTÃO PREPARA O CAFÉ E DEIXA A MESA POSTA PRA SUA CHEGADA.

MARIA DAS DORES:
Sou o solo duro que o coturno pisa em cima
E o que descansa embaixo é parte da família:
meu pai, minha mãe e sobrinho que por lida
achava que valia ser chefão da sesmaria

Aqui, cada viela é uma espécie de franquia
comprada com a morte, que se paga com a vida
– coisa que por aqui não tem serventia
é moeda de que a troco de nada aqui se livra –

Acordo cedo, hora em que o morro silencia
– zorra, algazarra, pancadão, pancadaria –
e desperto com o sossego: som, quando emigra
ou é hora do batente ou tá na hora da batida

de ficar bem quietinha, escutando a tirania
que a gente vai esquecer, pois sequer será notícia
E, se for, é pra dizer que o nosso filho, ou filha
estirado não prestava. Ou mesmo não valia

Um mau exemplo, traficava, era de briga
Se filho, era ladrão. Filha, se prostituía
Pois é, o que se dá à luz, aqui, não brilha
Quanto mais perto do sol, mais o morro esfria

Mas agora com licença que começa a correria
Vou depressa pra estação e fingir que a alforria
nos livrou da escravatura. Ah, quase me esquecia
Dores são do sobrenome, mas o grito é da Maria

Som de tiro.

CAPÍTULO 2

QUANDO MARIA ESCUTA O TIRO, SE APEQUENA O CORAÇÃO VAZIO. ABRE A PORTA DA RUA E, NUMA VIELA, DEPARA COM A VIZINHA – MARIA, COMO ELA – SOCANDO O CHÃO. CHORANDO DE DOR, DESESPERO E INDIGNAÇÃO.

Maria das Dores e a Vizinha cantam "Maria das Dores da Vida".

VIZINHA:
Maria das Dores da Vida
Olha aqui o meu menino
Tá amuado, tá esquisito
Se tá morto não me diga

MARIA DAS DORES:
Se não quer, então não digo
que não sou de mau agouro
Vai ver que tá só dormindo
nesse nosso abatedouro

VIZINHA:
Maria das Dores da Vida
Como sangra o meu rebento
esculachado, eu já sabia
meu peito era a dor doendo

MARIA DAS DORES:
Bendita é a dor, bendita
Anestesia é mal vindouro
pois a dor é o dom da vida
alívio prenuncia o choro

VIZINHA:
Maria das Dores da Vida
Olha o meu recém-parido
Parece ontem que dei cria
ao meu parto aqui, partido

MARIA DAS DORES:
Nossa vida é apressada
A gente já nasce morrendo
E pra ficar bem preparada
logo apanha, mal nascendo

VIZINHA:
Maria das Dores da Vida
estes olhos tão fechados
cerram os meus dentes, guia
minha raiva pra outro lado

MARIA DAS DORES:
Isso de olho por olho
por fim leva a nada, olha
cada casa aqui do morro:
em todas a saudade mora

VIZINHA:
Maria das Dores, e agora?
O que vou fazer da vida?
Eu perdi a minha escora
Minha fé tá desvalida

Maria se ajoelha e abraça a Vizinha, que aponta para o coração do menino.

VIZINHA:
Esse coração furado
é meu buraco. É ressequida
a força até pro desacato
a quem chegou pra dar guarida

Escutam o som de uma sirene de polícia.

MARIA DAS DORES:
Guarda essa informação, Maria.
Guarda tua vida

Maria das Dores da Vida

Ma-ri-a das Do-res da Vi-da O-lha a-qui o meu me-ni-no Tá a-mu-a-do, tá es-qui-si-to Se tá mor-to não me di-ga se não quer-en-tão não di-go que não sou de mau a-gou-ro Vai ver que tá só dor-min-do nes-se nos-so a-ba-te dou-ro Ma-ri-a das Do-res da

Vi - da Co - mo san - gra o meu re - ben - to es cu - la - cha - do eu já sa - bi - a meu pei - to e - ra a dor do - en - do Ben - di - ta é a dor ben - di - ta A - nes - te - si a é mal vin - dou - ro pois a dor é o dom da vi - da a-lí - vio a-nun-ci-a o cho - ro Ma - ri - a das Do - res da

19 Vi - da O - lha o meu re - cém - pa - ri -

20 **F** - do Pa - re - ce on - tem que dei cri -

21 **G7** - a ao meu par - to a - qui par - ti -

22 **C** **C/B♭** - do Nos - sa vi - da é a - pres - sa -

23 **F/A** - da A gen - te já nas - ce mor - ren -

24 **D** - do E pra fi - car bem pre - pa - ra -

25 **G** **E/G#** - da lo - go a - pa - nha mal nas - cen -

-do Maria das Dores da Vida estes olhos tão fechados cerram os meus dentes guia minha raiva pra outro lado Isso de olho por olho por fim leva na da olha cada casa aqui do morro em todas a saudade mora Maria das Dores, e agora? O que vou fazer da vida Eu perdi a minha escora Minha fé tá desvali-

39 C
-da   Es - se co - ra - ção___ fu - ra -

40 F
-do   É meu bu - ra - co é res - se - qui -

41 D
-da   a for - ça a - té___ pro de - sa -

42 G   E/G#
ca - to   a quem che - gou pra dar___ gua - ri -

43 Am⁷   *rall.*
-da   Guar - da es - ssa in - for - ma - ção___

44 Fm⁶   C
___ Ma - ri - a   Guar - da___ tu - a vi - da

O Autor percebe Maria das Dores calada.

AUTOR:
Tá tudo bem?

MARIA DAS DORES:
Tá. Tudo bem.

AUTOR:
O que a senhora achou?

MARIA DAS DORES:
A música é bonita. As meninas cantam bem.

AUTOR:
Mais alguma coisa?

MARIA DAS DORES:
Não.

AUTOR:
Pode falar.

MARIA DAS DORES:
Nada.

AUTOR:
Fala.

MARIA DAS DORES:
Por que o senhor não conta pras pessoas que quem atirou no filho da vizinha foi o policial?

AUTOR:
Eu botei uma sirene, a senhora reparou? É que eu prefiro que algumas coisas fiquem subentendidas. Deixar que as pessoas percebam, em vez de dizer, compreendeu?

MARIA DAS DORES:
Acho que agora eu tô entendendo.

CAPÍTULO 3

PISANDO NO SANGUE DO FILHO, QUE FORMA UMA POÇA, MARIA DAS DORES PRESSIONA O CACO DE VIDRO CONTRA O PESCOÇO.

O Curioso, a Manifestante e o Telespectador cantam "Ela fala sério."

CURIOSO E MANIFESTANTE:
Ela fala sério?

MANIFESTANTE:
Ela fala sério!
Ela fala sério!

CURIOSO:
É certo, Maria se mata

CURIOSO E MANIFESTANTE:
Não parece ser bravata

CURIOSO, MANIFESTANTE E TELESPECTADOR:
Não é, não!

CURIOSO:
Vou te dar um toque:
a TV deu sorte
vai ganhar ibope

TELESPECTADOR:
No fim não há de ser nada
ela será indenizada
Não é, não?

CURIOSO, MANIFESTANTE E TELESPECTADOR:
Ela fala sério!
Ela fala sério!
Ela fala sério!
É certo, Maria se mata
Não parece ser bravata
Não é, não!

TELESPECTADOR:
Quem mandou parir?
O vagabundo ali
teve o que pediu!

MANIFESTANTE:
Não, isso não é desculpa

CURIOSO:
Não, isso não é desculpa
O filho era filho da puta

MANIFESTANTE:
Ela não!

CURIOSO, MANIFESTANTE E TELESPECTADOR:
Ela fala sério!
Ela fala sério!
Ela fala sério!
É certo, Maria se mata
Não parece ser bravata
Não é, não!

MANIFESTANTE:
A pobre coitada
está desatinada
vai se machucar

CURIOSO E TELESPECTADOR:
Se a polícia ficar acuada
será também acusada
de omissão

CURIOSO, MANIFESTANTE E TELESPECTADOR:
Ela fala sério!
Ela fala sério!
Ela fala sério!
É certo, Maria se mata
Não parece ser bravata
Não é não!

Mas o responsável
Será encontrável?
Será condenável?
De quem será que ela fala?

CURIOSO:
O responsável pela bala?

TELESPECTADOR:
O responsável pela bala?

MANIFESTANTE:
O responsável pela bala?

Ela fala sério

E-la fa-la sé-rio e-la fa-la sé-rio e-la fa-la sé-rio É cer-to Ma-ri-a se ma-ta Não pa-re-ce ser bra-va-ta Não é não! Vou te dar um to-que: a T-V deu sor-te vai ga-nhar i-bo-pe No fim não há de ser na-da e-la se-rá in-de-ni-za-da Não é não? E-la fa-la sé-rio e-la fa-la sé-

2

19 — rio e-la fa-la sé - rio   É cer-to Ma-ri-a se ma

22 - ta Não pa-re-ce ser bra - va - ta Não é não!

25 Quem man-dou pa- rir O va-ga-bun-do a-li te-ve o que pe- diu!

28 Não is-so não é des- cul - pa o fi-lho e-ra fi-lho da

31 pu- ta E - la não! E - la fa-la sé-

34 - rio e-la fa-la sé - rio e-la fa-la sé - rio   É

37 cer-to Ma-ri-a se ma - ta Não pa-re-ce ser bra-va-ta Não é não!

D⁷

A pobrecoitada está desatinada vai se machucar Se a polícia ficar acuada será também acusada de omissão Ela fala sério e la fala sério e la fala sério É certo Maria se mata Não parece ser bravata Não é não! Mas o responsável Será encontrável? Será condenável? De quem se-rá que e-la fa - la O res-pon-sá-vel pe-la ba - la

O res-pon-sá-vel pe - la ba - la

O res-pon-sá - vel pe - la ba - la

CAPÍTULO 4

MOSTRANDO-SE BEM SOLÍCITA, APARECE A POLÍCIA.

O Chefe de Polícia fala ao megafone com Maria das Dores.

CHEFE DE POLÍCIA:
Dona Maria, compactuo com a dor
Tenho crias, prometo que a escuto
Pra mulher, parir pode ser dom
mas amar um filho é talento mútuo
Além de policial, sou pai e cônjuge
É o humano que lhe puxa esse assunto

Prometo encontrar quem é o culpado
por lhe arrancar a vida insubstituível
Juro por Deus e por nosso lábaro
que alguém há de pagar – e bem – por isso
Deixe esfriar o momento, agora cálido
junto com a temperatura do menino

Maria das Dores abaixa a mão com o caco de vidro.

MARIA DAS DORES:
Eu agradeço sua prestatividade
mas se aceitasse, seria também cínica
pois a obra tem várias mãos no entalhe
da peça. E eu é que tenho filho à míngua

Volta a pressionar o caco de vidro contra o pescoço.

MARIA DAS DORES:
Daqui saio, eu lhe juro, sem alarde
Se me trouxer o responsável lá de cima

O Chefe de Polícia canta o final de "Ela fala sério."

CHEFE DE POLÍCIA:
Ela fala sério!
Ela fala sério!
Ela fala sério!
É certo, Maria se mata
não parece ser bravata
Não é, não!

O Autor fala para os atores.

AUTOR:
Sempre que tiver esse trecho da música, eu queria que todos cantassem.

CHEFE DE POLÍCIA:
Eu gosto da ideia de cantar sozinho.

AUTOR:
Eu teria que deixar a Prefeita e o Governador cantarem sozinhos, também. E nem todo mundo é afinado como você.

CHEFE DE POLÍCIA:
Prefiro cantar sozinho.

AUTOR:
Podemos ver isso depois?

O Chefe de Polícia sai.

AUTOR:
Ele é meio abusado.

MARIA DAS DORES:
O senhor não viu como é com a gente.

AUTOR:
Mas a senhora entendeu a dinâmica da peça? São duas histórias. Numa a gente mostra uma mãe que luta pra escapar do destino de milhares de mães de periferia. Na outra, eu faço uma analogia à Antígona.

MARIA DAS DORES:
E em qual das histórias o meu filho aparece?

AUTOR:
Nas duas.

MARIA DAS DORES:
Eu quero saber em qual ele aparece vivo.

Um celular toca. Os atores olham para o público. Maria das Dores fica tensa. O Autor percebe que o toque vem do celular dela.

AUTOR:
A senhora se importa de falar depois?

Maria das Dores pega o celular na bolsa. Olha o número.

AUTOR:
Os atores estão esperando.

O celular continua tocando.

AUTOR:
A gente precisa continuar.

Maria das Dores não resiste.

MARIA DAS DORES:
Alô?

A Patroa entra, irritada. Maria das Dores se aproxima dela, falando ao celular.

AUTOR:
A dona Maria tinha chegado atrasada no serviço e, prestes a ser repreendida, recebeu uma ligação do filho. Tinha a sensação de que o garoto estava fazendo exatamente aquilo que tinha pedido pra ele não fazer. Comprando uma briga que, segundo ela, se entrava pra perder, pois em passeata de gente pobre as balas não são de borracha. E ele estava mesmo indo para a manifestação que aconteceu depois de uma sessão especial da Câmara dos Deputados, criada em caráter de urgência após a morte do filho da vizinha da dona Maria. Já era a terceira vítima só naquela semana, a segunda menor de idade. Os moradores compareceram em peso, exigindo que se acabasse com aquilo que estavam chamando de "política do abate". Coincidentemente eu es-

tava lá, emocionado com a força daquelas pessoas. O próprio deputado que presidia a sessão encerrou falando da emoção que também sentia. Foi quando uma senhora que estava do meu lado comentou, parecendo adivinhar o meu sentimento: está emocionado porque não é ele que perde um parente toda semana.

CAPÍTULO 5

MARIA ESCUTA ESPORRO DIÁRIO POR TER CHEGADO DEPOIS DO HORÁRIO.

A Patroa espera Maria das Dores desligar e guardar o celular. Em seguida canta "Assume a sina".

PATROA:
Assume a sina. Se mora mal, se nasceu longe
a culpa é minha ou desse seu DNA?
Assanhe cedo do seu lençol. Você nem sonhe
em não estar aqui quando o batente começar

Já vi sem ver, a ladainha é sempre igual
"O trem quebrou e depois a van não veio"
Não sei por que vocês acham natural
mentir tão mal. Por que não se dão ao respeito?

É sorte sua eu ser assim tão sossegada
Se eu fosse outra, a essa altura *au revoir*
O bom da crise é "*S'il vous plait*, outra criada"
"*Merci beaucoup!*", chove Maria pra daná

Já vi sem ver, a ladainha é sempre igual
"O trem quebrou e depois a van não veio"

Não sei por que vocês acham natural
mentir tão mal. Por que não se dão ao respeito?

Maria das Dores tenta falar, a Patroa não deixa.

PATROA:
Não é à toa que bobeou, virou mendigo
e ainda culpam a sociedade, pode isso?
Caem na cachaça, na putaria, fogem do abrigo
mas vê se lá atrás deram valor ao serviço

O que adianta mão pra beijar, lanche, água
e passagem? Pra chegar sempre atrasada?

A Patroa volta a cantar.

PATROA:
Eu vou pensar se te demito ou não, Maria
Vem me chamar, mas só bem lá pro fim do dia

Assume a sina

♩=100

As-su-me a si-na Se mo-ra mal, se nas-ceu lon - ge a cul-pa é mi-nha ou des-se seu D-N - A___ As-sa-nhe ce-do do seu len-çol Vo-cê__nem so - nhe em não__es-tar ___a-qui quan-do o ba-ten-te co - me-çar___ Já vi__sem ver, ___a la-da-i-nha sem-pre i- gual___ "O trem que-brou

2

13 B⁷ ... E⁷
e de-pois a van não ve - io" Não sei por que

15 C♯⁷ ... F♯m⁷
vo-cês a-cham na - tu - ral___ men-tir__ tão mal

17 Bm⁷ E⁷ Amaj⁷
Por que não se dão ao res- pei - to? É sor - te a su

19 E⁷
- a eu ser as-sim tão sos - se- ga - da Se fos - se ou

21 A⁷ Amaj⁷
- tra, a es-sa al-tu-ra *au-re - vo-ir*___ O bom da cri

23
- se é "*S'il vous plait*, ou - tra___ cri - a -

24 E⁷
- da" "*Mer-ci beau- coup!*", cho-ve Ma-ri-a pra__ da-ná

Já vi_sem ver_ a la-da-i-nha é sem-pre i- gual "O trem que- brou_ e de-pois a van_não ve- io Não sei_ por que_ vo-cês a-cham na - tu- ral men-tir_tão mal Por que não se dão ao res pei- to? Eu vou_pen- sar_ se te de-mi-to ou não, Ma-ri- a Vem me_ cha- mar,_ mas só lá pro fim_ do di - a

CAPÍTULO 6

PIOR QUE ADVERTIDA É SER DEMITIDA.

Maria das Dores canta "Dói mais em mim".

MARIA DAS DORES:
Patroa, me perdoa
Eu não tava, eu juro, à toa
Acordei na hora exata
Eu duvido que alguém corra

mais que eu, durma mais cedo
Sou pacata, nunca bebo
Só espano o pó, não cheiro
E motivo não me falta

Patroa, quase sempre
Acordo com o dia no ventre
Quando nasce, tô na rua
O mundo quase não tem gente

e de repente tá lotado
Mal dá pra virar pro lado
E o pior: tava estragado
Trem não pega quando empurra

Senhora quer? Eu digo amém
Senhora diz? Digo também
Mas me perdoa. Por mais que doa
dói mais em mim.

Patroa, é tão difícil
entender o que é ser lixo
Não sair: ser escorraçada
Não ter endereço fixo

E de repente deu na telha
me destelham bem na beira

me desabam na esteira
me processam, que nem lata

Patroa, nem de leve
queira estar na minha pele
Sou que nem burro de carga
Falta só alguém que sele

pra cravar fundo a espora
O salário é quase esmola
E o mercado se apavora
quando nossa manga é larga

Senhora quer? Eu digo amém
Senhora diz? Digo também
Mas me perdoa. Por mais que doa
dói mais em mim.

Maria das Dores se ajoelha diante da patroa.

MARIA DAS DORES:
Patroa, me ajoelho
Toma aqui suas estribeiras
Juro, a condução não veio
Eu preciso desse emprego

Tenho contas e família
Vai, me xinga, me humilha
Desabafa, se despilha
Sei que vou me redimir
Eu trabalho até cair
Se me ordenar, nem vou dormir
Pra que dormir?

Maria das Dores se levanta, de cabeça baixa.

MARIA DAS DORES:
Senhora quer? Eu digo amém
Senhora diz? Digo também
Mas me perdoa.
Me perdoa.
Me perdoa.

Dói mais em mim

Patroa me perdoa
Eu não tava eu juro à toa
Acordei na hora exata
Eu duvido que alguém corra
Mais que eu durma mais cedo
Sou pacata nunca bebo
Só espano o pó não cheiro
E motivo não me falta

Patroa quase sempre
Acordo com dia no ventre
Quando nasce tô na rua
O mundo quase não tem

gen-te E de re-pen-te tá lo-ta-do Mal dá pra vi-rar pro la-do E o pi-or: ta-va es-tra-ga-do Trem não pe-ga quan-do em pur-ra Se-nho-ra quer?_ Eu di-go a-mém Se-nho-ra diz? Di-go tam-bém Mas me per-do-a__ Por mais que do-a__ dói mais em mim____ Pa-tro-a é tão di-fí-cil en-ten-der o que é ser li-xo Não sa-ir: ser es-cor-ra-ça-da Não ter en-de-re-ço fi-xo E de re-pen-te, deu na te-lha me des-te-lham, bem na bei-ra me de-sa-bam, na es-tei-ra me pro-ces-sam que nem la-ta Pa-tro-a, nem de le-ve quei-ra es-tar na mi-nha pe-le Sou que nem bur-ro de car-ga Fal-ta só al-guém que se-le pra cra-var fun-do a es-po-ra O sa-lá-rio é qua-se es-mo-la E o mer-ca-do se a-pa-vo-ra quan-do nos-sa man-ga é lar-ga Se-nho-ra quer?_ Eu di-go a-mém Se-nho-ra

4
42
F Dm7 E♭ E♭m
diz? Di-go tam-bém Mas me per - do-a__ Por mais que do-a__
44
F7
dói mais em mim___ Pa - tro - a me a - jo -
46
B♭ E♭
e-lho To-ma a-qui suas es-tri - bei-ras Ju-ro, a con-du-ção não
48
F7 B♭
ve-io Eu pre-ci - so des-se em - pre go Te-nho con-tas e fa-
50
Gm Dm
mí - lia Vai, me xin-ga me hu - mi-lha De-sa-ba - fa, se des-
52
C7 F7
pi - lha Sei que vou me re - di - mir Eu tra-ba-lho a-té ca-
54
F♯(♯5) E♭maj7 F7
ir Se me or-de-nar nem vou dor - mir Pra que dor- mir?

Se-nho-ra quer?_ Eu di-go a-mém Se-nho-ra diz? Di - go tam - bém Mas me per - do-a_ Me per-do-a_ Me per - do - a

A patroa sai e deixa Maria das Dores sozinha.

MARIA DAS DORES:
O senhor criou essa patroa pensando em alguém?

AUTOR:
Ninguém específico.

MARIA DAS DORES:
Mas já aconteceu com o senhor?

AUTOR:
Não, comigo não.

MARIA DAS DORES:
Então o senhor já viu acontecer?

AUTOR:
Acho que não. Mas a senhora gostou da cena?

MARIA DAS DORES:
Achei a patroa divertida.

AUTOR:
Ah, que bom.

MARIA DAS DORES:
Não acho bom, não.

AUTOR:
Não entendi.

MARIA DAS DORES:
Isso que ela falou não tem graça pra quem tem o costume de escutar.

AUTOR:
A senhora quer que eu mude?

MARIA DAS DORES:
Pode ser.

AUTOR:
A letra. Mas eu não vou poder deixar ela muito séria, senão a cena fica chata, entendeu?

MARIA DAS DORES:
Então o senhor não precisa mudar nada, não. Quer dizer...

AUTOR:
Quer dizer?

MARIA DAS DORES:
Por que em vez de falar o tempo todo de mim o senhor não fala do meu filho?

AUTOR:
Dona Maria, eu precisava fazer uma escolha. Eu achava que a história de quem continuava vivo, no caso, a senhora, poderia ter mais impacto do que a de alguém que já se foi.

MARIA DAS DORES:
Agora entendi.

AUTOR:
Podemos continuar?

Maria das Dores balança a cabeça, como se concordasse.

CAPÍTULO 7

MARIA CONVERSA COM OUTRA MARIA, A COZINHEIRA.
OUTRA QUE, TODO DIA, SOBE E DESCE A MESMA LADEIRA.

COZINHEIRA:
Maria
Não fica assim, vai, levanta a cabeça
O que pesa mais, um grito ou pão na mesa?
Releva o faniquito. Criadagem que se preza
não se abate com tão pouco. Ajoelha e reza
pro teu santo, pro teu guia, pra nossa Mãe:
Maria

MARIA DAS DORES:
Maria
Vai passar, só que tá perto o limite
Meu café da manhã quase deu gastrite
A gritaria de agora foi até acepipe
diante da indigestão. Foi mera gripe
perto da pneumonia. Juro por Deus,
Maria

COZINHEIRA:
Maria
Manda logo à merda essa pilantra
Chama um bom advogado, se agiganta
diante dela que a rameira se derrama
em lágrimas, se ajoelha pra mucama
e reza pra tua homilia. Vai por mim
Maria

MARIA DAS DORES:
Maria
Não vou fazer com ela o que faz comigo

Você é mais guerreira, não sou dessa tribo
Mas respeito quem peita com peito comprido
Só que tenho filho e medo, não consigo
Mas bem que eu queria ser que nem você
Maria

COZINHEIRA:
Maria
Somos irmãs em tudo. No nome, na luta
na fé, na merda e na solidão filha da puta
A diferença é na nossa boca (a minha, suja)
Já você é uma rainha, nota 10 em conduta
Ô fidalguia, manda logo um palavrão
Maria

MARIA DAS DORES:
Maria
Quem dera bastasse uma palavra. Só Deus
faz carne do seu verbo. Grito é documento
pra autoridade, que ainda diz que isso é berço
O que dói não é o orgulho. Essa dor é mesmo
no instinto. Preocupação com o filho, viu
Maria?

CAPÍTULO 8

A PATROA CHAMA MARIA PRA UMA CONVERSA. É TARDE DA NOITE, MAS AINDA DÁ TEMPO DE UM ÚLTIMO AÇOITE.

A Patroa aparece com uma taça de vinho numa das mãos e um envelope na outra, cantando "Perdão por não pedir perdão".

PATROA:
Hoje percebi o dia passando emburrado
Você tornando o vinho desse meu dia bem mais aguado
Minha tarde escureceu, a noite engoliu a lua
Você tá dispensada, tá aqui teu troco, tá aqui a rua

A Patroa estende um envelope para Maria das Dores e abre a porta da casa.

MARIA DAS DORES:
Perdão por não pedir perdão antes da chamada
O dia me pegou de jeito, fui emboscada
A morte quis passar lá em casa, foi na vizinha
Por um lado azar o meu, mas foi sorte minha

PATROA:
Cansei de lhe avisar: não traga a casa pro trabalho
Azeda meu doce lar. Fui dessalgando o teu salário
Fui lhe descontando, no fim do mês pagando pouco
Por esse seu descuido no seu cu estou dando o troco

Maria das Dores pega o envelope e chora.

MARIA DAS DORES:
Perdão por não pedir perdão antes da chamada
O dia me pegou pra Cristo, crucificada
Tô triste de me alegrar por não ser meu filho
Inferno, só de não ser morte, é paraíso

PATROA:
Você perdeu a chance, sai pra lá com essa chantagem
Devia ter se tocado quando estava na sacanagem

Por que cê tá chorando? É favor mais compostura
Tá molhando meu chão. É choro mesmo? Lembra até chuva

Maria das Dores enxuga as lágrimas e sai.

MARIA DAS DORES:
Perdão por não pedir perdão antes da chamada
O dia me pegou na vida mal-ajambrada
Se bem que nada do que fiz deu lá muito certo
De acerto mesmo só meu filho, mas fora isso erro

Quando a porta fecha, Maria das Dores fala para si.

MARIA DAS DORES:
Fugi de casa, casei com um zé ninguém
Covarde. Nem bater teve a coragem
Achou melhor fugir. Aceitei empregos
de merda. De merda. Acelerando o tempo

da pele: trinta, com cara de sessenta
E, pra piorar, não tenho mais renda
Devo tanto, nem vendendo o corpo dava
E quem é que sugaria essa mama chupada?

A mão tão seca que, nadando, resseco o rio
Já estou deitando, em vida, no meu jazigo

Maria das Dores canta enquanto vai embora.

MARIA DAS DORES:
Com medo de me ver cuspida, fui escarrada
Não reclamo da vida, mas veio estragada

Perdão por não pedir perdão

♩=120

Ho - je per-ce - bi o di - a pas-san - do em-bur ra-do Vo-cê tor-nan-do o vi nho des-se meu di - a bem mais a- gua-do Mi-nha tar - de es cu - re ceu, a noi-te en-go-liu a lu - a Vo-cê tá dis-pen - sa-da, tá a-qui teu tro-co, tá a-qui na ru - a Per-dão por não pe-dir per-dão an-tes da cha-ma-da O di-a me pe-gou de jei-to, fui em-bos-ca-da

A mor-te quis pas-sar lá em ca-sa, foi na vi-zi-nha
Por um la-do a-zar o meu, mas foi sor-te a mi-nha Cansei de lhe a-vi-sar: não tra-ga a ca-sa pro tra-ba-lho A-
ze-da meu do-ce lar. Fui des-sal-gan-do o teu sa-lá-rio
Fui lhe des-con-tan-do, no fim do mês pa-gan-do pou-co
Por es-se seu des-cui-do no seu cu es-tou dan-do o tro-co Per-
dão por não pe-dir per-dão an-tes-da cha-ma-da O

dia me pegou pra Cristo, crucificada Tô triste de me alegrar por não ser meu filho Inferno, só de não ser morte, é paraíso Você perdeu a chance, sai pra lá com essa chantagem Devia ter se tocado quando estava na sacanagem Por que cê tá chorando? É favor mais compostura Tá molhando o chão. É choro mesmo? Lembra até chu-va Per-dão por não pe-dir per-dão an-tes da cha-ma-da

O di-a me pe-gou na vi-da mal a-jam-bra-da

Se bem que na-da do que fiz deu lá mui-to cer-to

De a-cer-to mes-mo só meu fi-lho, mas fo-ra is-so

er-ro Com me-do de me ver cus-pi-da, fui es-car

ra-da Não re-cla-mo da vi-

-da, mas vei-o es-tra-ga-da

O Autor vai falar algo, Maria das Dores interrompe.

MARIA DAS DORES:
O senhor não acha muita humilhação?

AUTOR:
Sem dúvida.

MARIA DAS DORES:
Então por que o senhor fez a música?

AUTOR:
Exatamente porque é uma humilhação.

MARIA DAS DORES:
Mas a humilhação é todo mundo vendo o que eu passei.

AUTOR:
A senhora se refere ao público.

MARIA DAS DORES:
Isso.

AUTOR:
Não é importante que as pessoas saibam?

MARIA DAS DORES:
Elas tão cansadas de saber.

Maria das Dores olha para a plateia.

MARIA DAS DORES:
Não estão?

CAPÍTULO 9

DIRETAMENTE DA SUA SEITA: A PREFEITA.

Maria das Dores mantém o caco de vidro contra o pescoço.

PREFEITA:
Dona Maria, estou tão arrependida
Quis proteger o cidadão, exagerei
no remédio: enchi de comprimidos
os remediados. Juro que fiz cumprir a lei
mas, já viu, acostumados com bandidos
eliminaram o pobre culpado (errei?)

Ainda há dúvidas quanto à maçã podre
Não duvido de um baderneiro infiltrado
retirando a arma de um honesto coldre
e atirando a esmo. Maldito crápula
atingindo o inocente e a mãe – pois sofre –
Mas investigarei pessoalmente este caso

Ela abaixa a mão com o caco de vidro.

MARIA DAS DORES:
Não estranharia um bandido entre bandidos
nem duvido que a palavra seja dívida
Mas o investimento seria tímido
pois ao culpado à vera não intimidaria

A Prefeita se aproxima e Maria das Dores pressiona o caco de vidro contra um dos pulsos.

MARIA DAS DORES:
Deste trabalho, entretanto, eu te livro
se me trouxer o responsável lá de cima

Todos cantam o final de "Ela fala sério."

TODOS:
Ela fala sério!
Ela fala sério!
Ela fala sério!
É certo, Maria se mata
Não parece ser bravata
Não é, não!

CAPÍTULO 10

OS AMIGOS TENTAM, A TODO CUSTO, CONVENCER MARIA A ENTERRAR O ASSUNTO.

A Prostituta e o Morador de Rua cantam com Maria das Dores a música "Se manda."

PROSTITUTA:
Para com essa besteira
Enterra agora a brincadeira
Vira logo essa página
Faxina o pó

MORADOR DE RUA:
Dá um sacode na poeira
Joga terra na canseira

Pra tapar o teu buraco
Desatar o nó

PROSTITUTA E MORADOR DE RUA:
Da garganta que não grita
Taca terra, bota brita
pro teu filho finalmente
partir em paz

Sempre foi a nossa sina
nessa vida que assassina:
ir caindo pelos cantos
pois tanto faz

MARIA DAS DORES:
Não, não vou chorar
Não vou gritar
Não vou sair de banda
Não, não vou ceder
Obedecer à voz que diz "Se manda"

PROSTITUTA:
Para agora com essa pira
Te baixou a pomba gira
Ou foi algo que se aspira
E não bateu bem

MORADOR DE RUA:
Ouve de quem te admira
Sai daí e não delira
Meu sovaco já transpira
E o outro também

PROSTITUTA E MORADOR DE RUA:
Lembra que tem outros filhos
Bem na mira dos gatilhos
Pra você botar nos trilhos
E dar a tua mão

MORADOR DE RUA:
Escuta esse maltrapilho

PROSTITUTA:
Ele fala, eu compartilho

PROSTITUTA E MORADOR DE RUA:
Bota outro estribilho
Na tua canção

Maria das Dores volta a abraçar o corpo do Filho.

MARIA DAS DORES:
Não, não vou chorar
Não vou gritar
Não vou sair de banda
Não, não vou ceder
Obedecer à voz que diz "Se manda"

Não

Se manda

♩=140

Db Para com essa besteira En-
Ab/C terra agora a brincadeira
Gb Vira logo essa página
Ebm7
Ab Faxina o pó
Db Dá um saco de na poeira
Ab/C Joga terra na canseira
Gb Pra tapar o teu buraco
Ebm7
Ab Desatar o nó
Db
Gb Da garganta que não grita
Fm7 Taca terra, bota brita
Ebm7 pro teu filho finalmente par-

tir em paz Sem-pre foi a nos-sa si - na nes-sa vi-da que as-sas - si-na: ir ca-in-do pe-los can-tos pois tan - to faz Não, não vou cho-rar Não vou gri-tar Não vou sa - ir de ban - da Não, não vou ce - der O - be - de - cer à voz que diz "Se man - da" Pa-ra a-go - ra com es-sa pi - ra

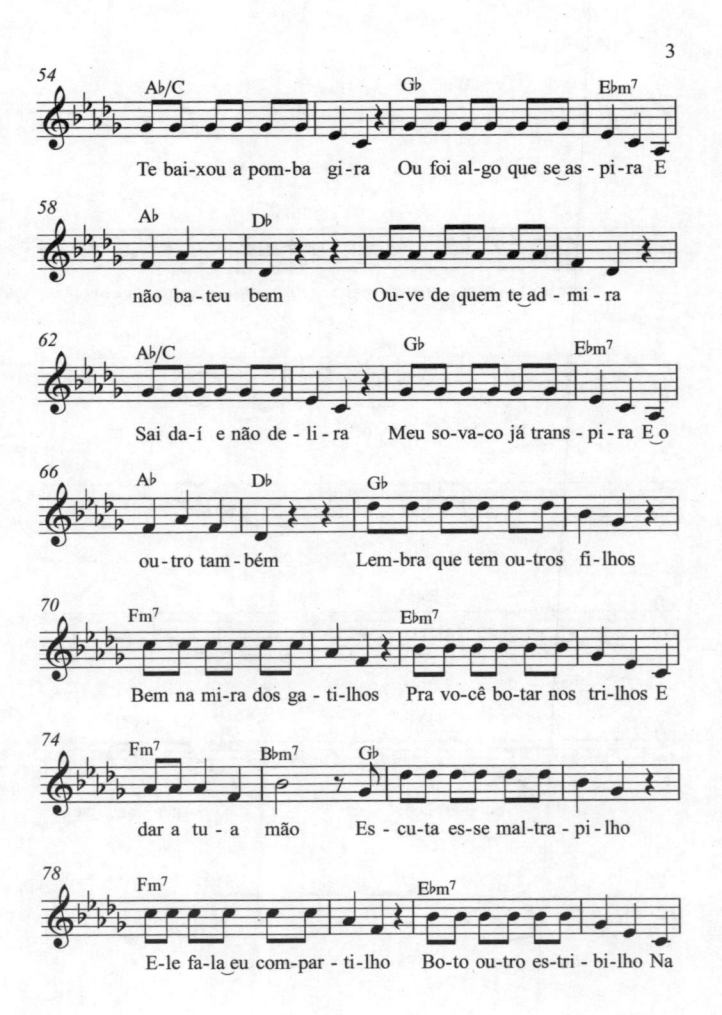

Te baixou a pomba gira / Ou foi algo que se aspira / E não bateu bem / Ouve de quem te admira / Sai daí e não delira / Meu sovaco já transpira / E o outro também / Lembra que tem outros filhos / Bem na mira dos gatilhos / Pra você botar nos trilhos / E dar a tua mão / Escuta esse maltrapilho / Ele fala eu compartilho / Boto outro estribilho / Na

82
A♭ D♭ A♭ E♭m7
tu - a can - ção Não, não vou cho - rar
87
Fm7 G°/C
Não vou gri - tar Não vou sa - ir de
91
B♭m7 Cm7
ban - da Não, não vou ce - der
95
D♭m7
O - be - de - cer
98
F♯7(♭5) A♭maj7
à voz que diz "Se man - da" Não

O Autor se levanta e fala para os músicos.

AUTOR:
É importante a gente acentuar esse contraponto. A música alegre contrastando com o sofrimento da Maria.

O Autor se senta e explica para Maria das Dores.

AUTOR:
Assim a gente mostra que, por mais que as pessoas tentem, mesmo aquelas que gostam da gente jamais vão conseguir se aproximar da nossa dor.

MARIA DAS DORES:
É um pouco o que o senhor está fazendo.

O Autor, distraído, volta a falar com os músicos.

AUTOR:
No refrão, em vez de subir, a gente baixa os instrumentos, pra escutar a Maria.

Ele se vira para Maria das Dores.

AUTOR:
Não ouvi.

MARIA DAS DORES:
Eu disse que senhor botou até a prostituta e o morador de rua.

AUTOR:
Achei interessante, como personagens. Até porque no fundo o que a gente tá falando o tempo todo aqui é de invisibilidade. E vou colocar em seguida as cenas de quando a senhora encontrou com eles pela primeira vez.

MARIA DAS DORES:
Quando encontrei meu filho. E vi que ele estava morto.

AUTOR:
Isso.

MARIA DAS DORES:
Então por que então o senhor não faz eu encontrar com mais gente?

AUTOR:
Como assim?

MARIA DAS DORES:
Faz eu encontrar com um catador. Ou com dois.

AUTOR:
Eu não me lembro de a senhora ter falado.

MARIA DAS DORES:
Porque não encontrei. Mas quanto mais gente o senhor botar, mais tempo vai levar pra eu ver novamente aquilo que eu não queria.

CAPÍTULO 11

MARIA FOI DESPEDIDA. E NÃO SABE MAIS O QUE FAZER DA SUA VIDA.

Enquanto Maria das Dores passa de cabeça baixa, dois Catadores, cansados, cantam "Brasil". Eles varrem para cima dela, como se ela fosse de fato o lixo que se sente.

CATADOR 1 E CATADOR 2:
O açoite, à noite vem
Dói no sonho a dor também
Quem vem nos escravizar?
É quem finge libertar

Distraídos, colocam Maria das Dores num saco de lixo.

CATADOR 1 E CATADOR 2:
Quando chega a abolição
pra quebrar esse grilhão?
A corrente é mais sutil:
"Dá tua cota pro Brasil"

Brasil

♩=80

O açoite, à noite vem
Dói no sonho a dor também
Quem vem nos escravizar?
É quem finge libertar
Quando chega a Abolição
pra quebrar esse grilhão?
A corrente é mais sutil:
"Dá tua cota pro Brasil"

CAPÍTULO 12

MARIA AJUDA UMA PROSTITUTA A SE LEVANTAR. OUTRA MARIA, CUSPIDA NA RUA, PUTA DA VIDA.

Maria das Dores sai de dentro da placenta de plástico e depara com a Prostituta, que, enquanto procura os brincos e calça os sapatos que tinha perdido, canta "Vida".

PROSTITUTA:
Vida
Tu é dura, é ingrata
Fez de mim malfalada
E te chamam de fácil
Mas vira pra ver

Mira
O vermelho da escara
O espacate é na marra
E ainda pedem desconto
se eu sinto prazer

Mas não tenta apertar demais
senão brincadeira acabou
Não vou mais fingir que me amarro em sofrer
por quem me renega valor

Eu quebro tua cara na rua
Eu grito pra tu não dormir
Se me sufocar, me fazendo chorar
vai ver o que é bom pra tossir

Vai ver o que é bom pra tossir
Vai ver o que é bom pra tossir

MARIA DAS DORES:
Você está machucada?

PROSTITUTA:
Só por dentro.
Não foi nada.

MARIA DAS DORES:
Precisa de dinheiro? Unguento?

PROSTITUTA:
Ser bem-tratada.

MARIA DAS DORES:
Que nem gente? Entendo.

PROSTITUTA:
Também levou porrada?

MARIA DAS DORES:
Da vida? De mão fechada.

PROSTITUTA:
Na cara?

MARIA DAS DORES:
No coração. Ferida.

PROSTITUTA:
Então vem comigo, amiga.

As duas cantam juntas.

MARIA DAS DORES E PROSTITUTA:
Vida, me acorda e maltrata
Palmatória, chibata
Mas quanto mais tu bate
mais tu quer bater

Grita, vem, me prende, se amarra
Me dá tapa na cara
Quando escuta o gemido
Pensa que é prazer

Mas não tenta apertar demais
senão brincadeira acabou
Não vou mais fingir que me amarro em sofrer
por quem me renega valor

Eu quebro tua cara na rua
Eu grito pra tu não dormir
Se me sufocar, me fazendo chorar
vai ver o que é bom pra tossir

Vai ver o que é bom pra tossir
Vai ver o que é bom pra tossir

Vai ver o que é bom

Maria das Dores e a Prostituta se abraçam e se despedem.

Vida

Vi - da tu é du-ra, é in-gra-ta__ Fez de mim mal-fa-la-da__ E te cha-mam de fá-cil Mas vi-ra pra ver Mi-ra__ O ver-me-lho da es-ca-ra__ Os es-pa-ca-te é na mar-ra__ E ain-da pe-dem des-con-to se eu sin-to pra zer Mas não ten ta a per-tar-de mais se- não __ brin - ca - dei-ra a-ca-bou Não vou

mais fin - gir que me a-mar-ro em so - frer por quem me re-ne-ga va-lor Eu que bro a tua ca-ra na ru - a___ Eu gri - to pra tu não dor - mir Se me___ su - fo - car, me fa - zen - do cho - rar vai ver o que é bom pra tos - sir Vai ver___ o que é bom pra tos - sir Vai ver___ o que é bom pra tos-sir Vi - da,___ me a-cor-da e mal trata— Palmatória, chibata— Mas quanto mais tu bate mais tu quer bater Grita,— vem, me prende, se a marra— Me dá tapa na cara— Quando escuta o gemido Pensa que é prazer Mas não— tenta apertar de mais se não— brinca deira acabou Não vou mais fingir que me amarro em sofrer por quem me renega valor Eu que-

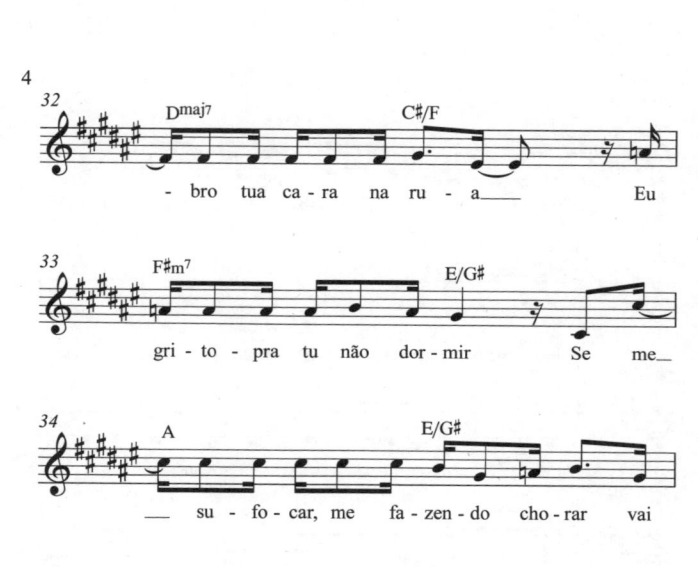

- bro tua cara na rua___ Eu gri-to pra tu não dor-mir Se me___ su-fo-car, me fa-zen-do cho-rar vai ver o que é bom pra tos-sir Vai ver___ o que é bom pra tos-sir Vai ver___ o que é bom pra tos-sir Vai ver___ o que é bom

CAPÍTULO 13

CHEGANDO NO PONTO DE ÔNIBUS, MARIA VÊ UM MORADOR DE RUA QUE VIVE ALI, USANDO COMO ABRIGO AQUELA ESTRUTURA.

Maria das Dores escuta vozes gritando "Mendigo! Maltrapilho! Vai morrer!". O Morador de Rua, que estava deitado, se levanta e se esconde atrás da estrutura. Reaparece.

MORADOR DE RUA:
Em tantas mutantes formas
se transforma essa insólita estrutura
quase humana, de tanto que se adapta
Contra pedrada, se lança como escudo

Volta a se esconder.

MORADOR DE RUA:
Essa é uma das muitas personalidades
desse compacto ponto de ônibus
Proteção para este, que vive sem alarde
E, por mais que duvidem, ainda sonha

Canta a música "Casa".

MORADOR DE RUA:
Casa onde o destino me desova
(o banheiro é na cozinha
Bate-palma é campainha)
Sou anfitrião da sova
nesse lar que é funerário
meu berçário, minha cova

Ouve o barulho de uma trovoada.

MORADOR DE RUA:
Outra característica dessa turva
anatomia feita de parcos encaixes
é ser um grande guarda-chuva
que na rua o desavisado acha

Aponta para o cartaz na lateral.

MORADOR DE RUA:
E no olhar distraído aparece outra
função desse ponto apontado:
dar cartaz àquilo que demonstra
pra gente consumir, meio que obrigado

Volta a cantar.

MORADOR DE RUA:
Casa onde o destino me desova
(o banheiro é na cozinha
bate-palma é campainha)
Sou anfitrião da sova
nesse lar que é funerário
meu berçário, minha cova

Imita usuários sonolentos.

MORADOR DE RUA:
Sepultura pra quem tá morto, corpo
enxovalhado, pequeno cemitério
de zumbis olhando absortos
o nada, distraídos da sua miséria

E, claro, principalmente, casa
De vez em quando nublada
pela brincadeira sem graça
do extintor. Ou da verdade gritada...

Então canta.

MORADOR DE RUA:
Casa onde o destino me desova
(o banheiro é na cozinha
Bate-palma é campainha)
Sou anfitrião da sova

Grita.

MORADOR DE RUA:
Mendigo, maltrapilho, vai morrer!
Isso tudo eu sei de cor, menino
E meu pai, se não escutou de você
escutou do teu pai o mesmo hino

Volta a cantar.

MORADOR DE RUA:
Nesse lar que é funerário
Meu berçário, minha cova

Casa

♩=120

[D] Casa onde o destino me desova (o banheiro é na co- **[E/D]**
[Dmaj7] zinha bate palma é campainha Sou anfitrião da **[G/D]**
[A/D] sova nesse lar que é fune- **[G/D]**
rário meu berçário, minha **[Gm/D]** cova **[D]**

Maria das Dores se levanta e ameaça sair.

AUTOR:
Aonde a senhora vai?

MARIA DAS DORES:
Eu não quero mais ver.

AUTOR:
Mas isso é só uma peça.

MARIA DAS DORES:
É só uma peça pro senhor, que foi na comunidade "em respeito à memória de seus filhos". Mas é só uma forma bonita de dizer que foi mexer na dor da gente.

AUTOR:
A senhora ficou assim de repente.

MARIA DAS DORES:
De repente porque o senhor não estava prestando atenção.

AUTOR:
Senta, por favor.

MARIA DAS DORES:
Eu já disse que vou embora.

AUTOR:
Senta. Eu pego uma água com açúcar pra senhora.

O Autor sai.

MARIA DAS DORES:
Ele pensa que a gente não se deu conta. Foi lá querendo mostrar que compreendia a gente, que não tinha preconceito, que tava do nosso lado, mas entrou na comunidade se cagando de medo. Durante a conversa ficava ali, com cara de interessado, fazendo de conta que tava entendendo. Mas não conseguia esconder o ar de importante. De quem achava que tava fazendo um favor pra gente. E não o contrário. Deu um livro dessa Antígona, achando que a gente não ia ler. Falou do tal Creonte como se fosse uma coisa antiga. Como se não existisse por aí um monte.

O Autor volta com um copo de água com açúcar e estende para Maria das Dores. Ela não pega.

MARIA DAS DORES:
Eu quero encontrar o meu filho. Vivo.

AUTOR:
Não faria sentido. A gente não teria nem peça.

MARIA DAS DORES:
Nem que seja uma vez.

Ela pega o copo e bebe um gole. O Autor dá de ombros.

CAPÍTULO 14

MARIA REENCONTRA O FILHO. E PREENCHE UM ESPAÇO QUE, EM BREVE, SERÁ VAZIO.

O Filho está à mesa, tomando café. Maria das Dores se aproxima, encantada.

FILHO:
O que houve, voltou pra casa?
O trem quebrou? Foi demitida?
Passando mal? Por que essa cara
de quem sofre mas não grita?

Maria das Dores mexe nos cabelos dele. Canta o início da música "Vai dormir".

MARIA DAS DORES:
Amor
Eu serei para sempre seu chão

FILHO:
Quando a senhora não fala, já sei,
teve coisa. Foi algo na vizinhança?

Maria das Dores canta.

MARIA DAS DORES:
As paredes do meu coração
Serão sempre um apoio
Teu vão

FILHO:
Conta logo, alguém morreu?

MARIA DAS DORES:
Mesmo se eu pudesse, não contaria.

FILHO:
A senhora me olha como se eu...

MARIA DAS DORES:
Eu digo, filho. O filho. Da Maria.

O Filho se levanta.

FILHO:
Quando? Qual o motivo?
Tava cheio de sonhos, de vida

MARIA DAS DORES:
Meu anjo, esqueceu que é ele o filho
e eu sou aquela a quem a dor silencia

FILHO:
Garanto que foi outra operação
desastrada. Outra bala perdida
Encontrada na cabeça ou no coração
de quem tá na luta, na merda, na lida

MARIA DAS DORES:
Filho eu queria tanto que me ouvisse

FILHO:
A gente precisa fazer alguma coisa

MARIA DAS DORES:
Que dessa casa – e da vida – não partisse

FILHO:
Descer pro asfalto, gritar, porra,
A gente não é treino pra sua mira
Não é brinquedo pra sua tara
Algo que, cansou, se desvencilha
e, se bobear, ninguém repara

MARIA DAS DORES:
Ei. Escuta. Meu filho.

FILHO:
Hein? Que foi, mãe?

MARIA DAS DORES:
Queria só que escutasse a palavra
Filho. E ouvir você falando. Mãe.

FILHO:
Acho que a senhora não ouviu nada

MARIA DAS DORES:
Ouvi, meu filho. Tô até emocionada.

A Mortalha fala de um lugar distante, lá de outra realidade.

MORTALHA:
Maria das Dores, onde você está?

MARIA DAS DORES:
Filho. Meu filho, te amo.

O Filho começa a se vestir. Pega um lenço e coloca em volta do pescoço. Maria das Dores segura o menino pelo braço.

FILHO:
Por favor, mãe, para
Eu tô bem, sei me cuidar

MORTALHA:
Parece que ela está em transe

MARIA DAS DORES:
Eu te amo. Deita um pouco.

FILHO:
Só um pouquinho. Já vou levantar.

MORTALHA:
Eu tenho um trabalho importante.

MARIA DAS DORES:
Sonha que tá longe desse lugar

CAPÍTULO 15

MALTRAPILHA E MAGRICELA, CHEGA A MORTALHA COM SUA CAVEIRA BANGUELA.

Maria das Dores tem o Filho no colo. Abaixa o caco de vidro enquanto a Mortalha canta a sua música: "Mortalha".

MORTALHA:
Não repare nesses trapos
Nessa foice enferrujada
Mofo cresce que nem mato
lá na casa da Mortalha

A Mortalha mostra um relógio: tem pressa.

MORTALHA:
Entrega a cria, Maria
Deixa ela co'essa guia
Essa morte brasileira
Lama, fome, mais-valia

Entrega a cria, Maria
Morte aqui é mordomia
Vida é dura e carpideira
Pra quem não tem fidalguia

Me perdoe pela pressa
Hoje é dia de labuta
Que nem as almas que levo
mal acordo e tô na luta

Entrega a cria, Maria
Deixa ela co'essa guia
Essa pena é costumeira
Ódio, fé, homofobia

Entrega a cria, Maria
Cospe fora essa sangria
Chega de descer ladeira
Nessa cleptocracia

A Mortalha começa a levar o Filho.

MORTALHA:
Nessa cena esfarrapada
O diretor já disse "corta!"
Todo bucho que dilata
Guarda vida natimorta

A Mortalha e Maria das Dores brigam pelo corpo do Filho.

MORTALHA:
Entrega a cria, Maria
Morte aqui virou franquia
Esperança é só placebo
nessa falsa enfermaria

Entrega a cria, Maria
Para com a burocracia

A Mortalha desiste e sai. Maria das Dores abraça o Filho.

MORTALHA:
Tem mais gente nesse enredo
Vou pra outra freguesia

Mortalha

♩=120

Não re-pa-re nes-ses tra-pos
Nes-sa foi-ce en-fer-ru-ja-da
Mo-fo cres-ce que nem ma-to
lá na ca-sa da mor-ta-lha
En-tre-ga a cri-a, Ma-ri-a
Dei-xa e-la c'oes-sa gui-a
Es-sa mor-te bra-si-lei-ra
La-ma, fo-me, Mais va-li-a
En-tre-ga a cri-a, Ma-ri-a
Mor-te a-qui é mor-do-mi-a
Vi-da é du-ra e car-pi-dei-ra
Pra quem não tem fi-dal-gui-a

Me per-do-e pe-la pres-sa Ho-je é di-a de la-bu-ta Que nem as al-mas que eu le-vo mal a-cor-do e tô na lu-ta En-tre-ga a cri-a, Ma-ri-a Dei-xa e-la c'oes-sa gui-a Es-sa per-na é cos-tu-mei-ra Ó-dio, fé, ho-mo-fo-bi-a En-tre-ga a cri-a, Ma-ri-a Cos-pe fo-ra es-sa san-gri-a Che-ga de des-cer la-dei-ra Nes-sa clep-to cra-ci-a Nes-sa ce-na es-far-ra pa-da O di-re-tor já dis-se "cor - ta!" To-do bu-cho que di

la - ta Guar-da vi-da na-ti - mor - ta

En-tre-ga a cri - a, Ma - ri - a Mor-te a-qui vi-rou fran

qui - a Es-pe-ran-ça é só pla - ce - bo Nes-sa fal-sa en fer-ma

ri - a En-tre-ga a cri - a, Ma - ri - a Pa-ra com a bu-ro-cra

ci - a Tem mais gen - te nes-se en -

re - do Vou pra ou - tra fre - gue - si - a

Maria das Dores continua com o copo na mão.

AUTOR:
Satisfeita?

MARIA DAS DORES:
Ele é igualzinho a essa gente de que ele fala mal. Deu um agradinho e acha que qualquer coisa mais que isso é abuso. Nem no sonho ele me deixa convencer meu filho a não ir na passeata. Eu digo isso pra ele.

AUTOR:
Por outro lado, isso faz seu filho se transformar num herói. Um herói trágico. É como se ele enfrentasse o destino, de alguma forma consciente do seu fim, para purgar os erros e se purificar. O sacrifício de Édipo, pai de Antígona, quando descobriu que tinha feito sexo com a própria mãe, foi arrancar os olhos.

MARIA DAS DORES:
Eu digo que eu sei. Que ele já tinha contado. E que sei de outra coisa. Que ele também olha pra gente e não enxerga. Ele não entende. Aí eu falo que o nome dessa peça de teatro tá fazendo a gente ficar mais invisível do que já é. Das Dores. Ele não entende de novo. Aí eu falo. Das Dores é pra fazer de conta que eu sou Maria. Que a cozinheira que trabalhava comigo na casa da patroa é Maria. Que a vizinha que perdeu o filho é Maria. Assim vai todo mundo continuar sem ver diferença na gente. Por que não deixou ninguém saber que meu nome de verdade é Neuza? Que a minha vizinha se chama Genilda? Que a cozinheira é a Tereza? E onde é que tão as outras mães lá daquela conversa, cada uma com nome e com dor diferente? Cadê a Cleide que tava sofrendo tanto que acabou desculpando quem matou o filho dela pra ficar mais aliviada? Onde é que foi parar a Gélia, que se entupiu de remédio e quase não saiu de casa naquele dia? E a Marúsia,

que encontrou com o governador, esse safado que deixou a polícia matar o filho dela, porque sem o menino pra ajudar não conseguia mais dinheiro pra comer?

AUTOR:
Agora a senhora quer que troque o nome da peça?

MARIA DAS DORES:
Eu sei que se eu disser que quero ele não vai trocar.

Maria das Dores bebe o resto da água com açúcar. Ouvimos o som de um ônibus.

MARIA DAS DORES:
Agora é tarde.

CAPÍTULO 16

MARIA SOBE NO ÔNIBUS E VAI PRA CASA. MAS NO MEIO DO CAMINHO TINHA UMA PEDRADA, TINHA UMA PEDRADA NO MEIO DA JANELA ESTILHAÇADA.

O barulho é de uma manifestação. Gritos, bombas de gás lacrimogêneo. Um vidro quebra.

MOTORISTA:
Peço mil desculpas pelo que não sou culpado
O nó do trânsito nessa desatada procissão de enforcados
O quebra-quebra deixando o passageiro mais quebrado
E estilhaçando a chance de um acordar mais descansado

PASSAGEIRA:
Passa por cima, motorista. Recapeia logo o asfalto
com o para-choque, que ao lavar estará de novo intacto
Acaba com a algazarra de quem não é prejudicado
pelo prejuízo ao patrimônio. Vai. Tuas mãos eu lavo

MARIA DAS DORES:
Desculpe me intrometer, sempre sou comedida
no aparte, mas não valeria partir pra outra via
a condução também da conversa? Tem mais violência
na rua ou no silvo da saliva que desconhece clemência?

PASSAGEIRA:
Admira a senhora, protegendo essa marginália
com o pano na cara que – Deus queira – será mortalha
Defendendo a quebradeira e toda a desconstrução
Só cresce quem pensa grande, raciocina qual patrão

MARIA DAS DORES:
Posso ser pobre, mas não tenho a ignorância de ser
E nem fico me metendo a saber mais que o saber

PASSAGEIRA:
Mas pra que placa de rua e vidro de banco quebrado?
Prejudicar o banqueiro só porque quebrou o Estado?

MARIA DAS DORES:
E quem melhor pra pensar o que é melhor pra mim
do que eu? Nem vem com asinha e voz de querubim
Opinião se compra. Por ela se ganha até salário
E o dono dela é que tributa meu extrato bancário

Maria das Dores fala de dentro do ônibus.

MARIA DAS DORES:
Eu vou parar aqui.

AUTOR:
Dona Maria, a próxima cena é fundamental. Sem ela não existe peça. É por causa dela que a senhora pega o caco de vidro e ameaça se suicidar ao vivo, em rede nacional. Quando eu estava em busca de uma boa história, sempre pensava na recusa de enterrar um filho como algo simbólico. Uma camisa com a foto dele distribuída pela comunidade. Uma greve de fome na frente da casa de um governante. Um protesto diário, como as Mães da praça de Maio, na Argentina. Mas o seu exemplo foi perfeito. E agora eu não posso mais abrir mão dele.

MARIA DAS DORES:
Se a história é perfeita por que o senhor não fala logo tudo? Que muita gente achou que era melhor eu me matar só porque ficaram sabendo que meu filho tinha sido preso.

AUTOR:
Nem sempre dá pra contar tudo que a gente quer.

MARIA DAS DORES:
É isso de verdade? Ou o senhor acha que eles iam fazer pouco caso da sua peça, igual fizeram comigo?

AUTOR:
Essa informação, pra mim, é indiferente.

MARIA DAS DORES:
Ele diz que não liga, mas eu sei que tá mentindo. Eu sei que ele, assim como muita gente aqui, quando sabe que uma pessoa que morreu teve presa um dia, para na mesma hora de dar valor pra ela. E a gente, que é mãe, que é parente, que é vizinho, que é amigo, perde valor junto. Pois é, eu sei que o meu filho não era santo. Mas ter feito coisa errada faz de alguém menos gente? Faz do meu menino menos vítima? Ele ia ser menos meu filho? Ia estar menos morto?

AUTOR:
Vou fazer o seguinte. Vou colocar duas cenas, antes dessa que a senhora diz que não quer ver.

MARIA DAS DORES:
Não é questão de dizer.

AUTOR:
Numa a senhora vai conversar com o Governador. Na outra vai discutir com as autoridades. Assim a senhora tem mais tempo pra se preparar pra cena em que seu filho morre.

MARIA DAS DORES:
Eu não quero.

AUTOR:
Depois a gente vê o que faz, combinado?

MARIA DAS DORES:
Depois quando?

O Autor faz um sinal para o Motorista seguir em frente.

CAPÍTULO 17

O GOVERNADOR, ISSO NÃO É NOVIDADE, APARECE CHEIO DE VAIDADE.

Maria das Dores está de pé e tem o caco de vidro contra os pulsos.

GOVERNADOR:
Tô aqui, chegou na história o maioral
Qual é a culpa? Pode deixar que assumo
Demito uns três pra mostrar que sou legal
com meus eleitores, me preocupo

pois vim de baixo, ralei etc. e tal
e na encolha recontrato os ditos-cujos

Chega de papo, diga logo: qual seu preço?
Troco as lágrimas por um belo sorriso
Recebo sua família no palácio
e encho todos vocês de muitos mimos
A tua história terá outro o enredo
Será sorte grande, a morte do seu filho!

Maria das Dores abre os braços. O Governador se aproxima. Ela dá uma gravata no político e pressiona o caco contra o pescoço dele.

MARIA DAS DORES:
Não sei se mereço esse sacrifício
Tapete vermelho-sangue, uma missa
em catedral, entrevista e até comício
Pelos vizinhos na TV reconhecida

Maria das Dores o empurra para longe e volta a pressionar o caco de vidro contra o próprio pescoço.

MARIA DAS DORES:
É bem tentador, mas troco o benefício
se me trouxer o responsável lá de cima

Todos cantam o final de "Ela fala sério".

TODOS:
Ela fala sério!
Ela fala sério!

Ela fala sério!
É certo, Maria se mata
Não parece ser bravata
Não é, não!

CAPÍTULO 18

NA FALTA DE ARGUMENTO E RAZÃO, UM POUCO DE PRESSÃO.

A Prefeita, o Governador e Maria das Dores cantam a música "Inelegível".

GOVERNADOR:
Esse ar
tá irrespirável

PREFEITA:
Esse odor
tá sufocante

GOVERNADOR:
Seja mais
bem maleável

MARIA DAS DORES:
Sinto muito
Não vão me dobrar

PREFEITA:
Esse clima
tá imprestável

GOVERNADOR:
Esse tempo
tá claudicante

PREFEITA:
O que ela quer
é impalpável

MARIA DAS DORES:
Quando é
que cês vão se tocar?

Maria das Dores pressiona ainda mais o caco de vidro contra o pescoço.

MARIA DAS DORES:
Eu sou
incoercível
Estou
irredutível

PREFEITA E GOVERNADOR:
Eu sou
tão acessível

MARIA DAS DORES:
O quê?
Acho risível

GOVERNADOR:
Eu tentei
ser adorável

PREFEITA:
Eu me fiz
desimportante

GOVERNADOR:
Seja mais
indenizável

MARIA DAS DORES:
Sinto muito,
não vão me dobrar

PREFEITA:
Por que ser
tão miserável?

GOVERNADOR:
Já perdeu
o teu infante

PREFEITA:
Seja mais
bem permutável

MARIA DAS DORES:
Quando é
que cês vão se tocar?
Eu sou
incoercível
Estou
irredutível

PREFEITA E GOVERNADOR:
Eu sou
tão permissível

MARIA DAS DORES:
Por mim
Inelegível

Inelegível

♩=120

Es-se ar tá ir-res-pi-rá-vel Es-se o-dor tá su-fo-can-te Se-ja mais bem ma-le-á-vel Sin-to mui-to não vão me do-brar Es-se cli-ma tá im-pres-tá-vel Es-se tem-po tá clau-di-can-te O que e-la

quer é impalpável Quando é que cês vão se tocar? Eu sou incoercível Estou irredutível Eu sou tão acessível O quê? Acho risível Eu tentei ser adorável Eu me fiz desimportante Seja mais indenizável Sinto muito, não vão me dobrar Por que ser tão mi-se-rá-vel Já per-deu o teu in-fan-te Se-ja mais bem per-mu-tá-vel Quan-do é que cês vão se to-car Eu sou in-co-er-cí-vel Es-tou ir-re-du-tí-vel Eu sou tão per-mis-sí-vel Por mim i-ne-le-gí-vel

O Autor fala num só fôlego, tentando não ser interrompido.

AUTOR:
No dia da entrevista, alguns meses antes de convidar dona Maria para assistir ao ensaio, ela teve dificuldade de me contar sobre essa viagem de ônibus. Ela estava indo pro centro da cidade, onde pegaria o trem, e foi parar no meio de uma manifestação: exatamente aquela que aconteceu depois da sessão extraordinária na Câmara dos Deputados. Uma passeata que começou pacífica e acabou de forma violenta.

MARIA DAS DORES:
Era pra gente ver se continuava ou não.

AUTOR:
No início, os moradores da comunidade da dona Maria – e do filho dela – só queriam que a mídia registrasse o protesto. Sabiam que quando suas reivindicações apareciam na TV o número de operações policiais na comunidade diminuía. Ou seja, diminuía também a chance de uma mãe ter que chorar a perda de um filho. Só que naquele dia, não se sabe por quê – talvez porque o desespero de quem é desassistido tenha se tornado enfadonho –, os repórteres demoraram a aparecer. A solução foi aumentar a temperatura dos protestos, quebrando vidraças de prédios e janelas de veículos.

MARIA DAS DORES:
O que é que a gente ganha deixando o senhor falar dessa dor que a gente sente? Dessa dor que faz a gente ficar parecido com quem tem problema com bebida? Eu vou aguentar ela só por hoje, só por hoje, só por hoje.

AUTOR:
Foi o que aconteceu com a janela do ônibus em que estava dona Maria. Em seguida, um coquetel molotov foi jogado contra um grupo de policiais. Ninguém conseguiu identificar

quem arremessou, até porque o responsável estava com o rosto coberto. Mas muitos têm certeza de que foi um policial à paisana, para justificar o revide da polícia. Um revide, segundo eles, desproporcional.

MARIA DAS DORES:
Se eu botei o caco de vidro no pescoço é porque não consegui salvar meu menino. Se eu tô aqui falando com o senhor é porque não morri. Todo mundo já sabe o final da história. O que é que a gente ganha com isso?

AUTOR:
Foi nesse momento em que ela viu um rapaz, com a mesma altura, as mesmas roupas, o mesmo jeito do filho, passar correndo com o rosto tapado por um lenço.

Maria das Dores canta trecho de "Será meu menino?".

MARIA DAS DORES:
Pera aí. Olha aqui
Tive um arrepio

AUTOR:
Será que foi o instinto?

MARIA DAS DORES:
Eu não vi, mas senti
Onde tá meu filho?

AUTOR:
Eu sei que é difícil reviver a violência.

MARIA DAS DORES:
Aquela? Ou essa?

AUTOR:
A senhora é forte.

Ela canta.

MARIA DAS DORES:
Será meu menino
apanhando (meu pequenino)
do Estado assassino?
Olha lá!

CAPÍTULO 19

PASSA CORRENDO PELA VIDA, E PELA VIA, O FILHO DA MARIA.

Maria das Dores canta, ainda no ônibus, "Será meu menino?".

MARIA DAS DORES:
Pera aí. Olha aqui
Tive um arrepio
Eu não vi, mas senti
Onde tá meu filho?

Será meu menino
apanhando (meu pequenino)
do Estado assassino?
Olha lá!

Até onde isso vai?
Tiro, porrada e bomba
Explosão. Gente cai
Até um cavalo tomba

Será meu menino
apanhando (meu pequenino)
do Estado assassino?
Olha lá!

Maria das Dores ouve o grito de um garoto. Canta.

MARIA DAS DORES:
Olha ali quem tá ali
Não, não é possível
Ódio, vem me cegar
Pr'eu não ver mais isso

Tá sendo adestrado
Punido sem ser julgado
Pelo tribunal fardado
Olha ali

Condutor, por favor
Arreganha a porta
Chegou meu estertor
Já vivi minha cota

Maria das Dores sai do ônibus.

MARIA DAS DORES:
Tá sendo adestrado
Punido sem ser julgado
Pelo tribunal fardado
Olha ali

Chama ali meu guri
– Intuí –
Xi, foi acuado

Diz pr'ele não cair
Reagir
Não ser baleado

Ouve-se o barulho de um tiro. Maria das Dores corre e se aproxima do corpo do Filho, ainda usando máscara. Ela se ajoelha e canta.

MARIA DAS DORES:
Ele foi adestrado
Punido sem ser julgado
Pelo tribunal fardado
Olha aqui!
Olha aqui!
Olha aqui!

Será meu menino?

♩=140

Pe-ra a a-í O-lha a-qui Ti-ve um ar-re-pi-o Eu não vi, mas sen-ti On-de ta meu fi-lho? Se-rá meu me-ni-no a-pa-nha-do (meu pe-que-ni-no) do Es-ta-do as-sa-si-no? O-lha lá! A-té on-de is-so vai? Ti-ro por-ra-da e bom-ba Ex-plo-são. Gen-te cai A-té um ca-va-lo tom-ba Se-rá meu me-ni-no a-pa-

29 Ebm7 | Dm7 | Fm/C | Eb/Bb
nha-do (meu pe-que-ni-no) do Es-ta-do as-sa-si - no O-lha lá!

33 Em/B | C | G/B | F/A
O-lha a-li quem tá a-li Não, não é pos-

38 G | C | G/B | F/A | G
sí-vel Ó-dio, vem me ce-gar Pr'eu não ver mais is-so Tá

43 F | Em7 | Ebm7 | Dm7
sen-do a-des-tra-do Pu-ni-do sem ser jul-ga-do

47 Fm/C | Eb/Bb | Em/B | C
Pe-lo tri-bu-nal far-da-do O-lha a-li___ Con-du-tor,

52 G/B | F/A | G | C | G/B
por fa-vor Ar-re-ga-nha a por-ta Che-gou meu es-ter-tor

57 F/A | G | F | Em7
Já vi-vi minha co-ta Tá sen-do a-des-tra-do Pu-

61
E♭m7
Dm7
Fm/C
E♭/B♭
3
ni - do sem ser jul - ga - do
Pe-lo tri-bu-nal far - da-do O-lha a-li
65
C/D
D
D/C
Cha-ma a - li meu gu - ri
71
G/B
Gm/B♭
F/A
Fm/A♭
G
In-tu - í
Xí,
foi a - cu - a - do
76
D
D/C
G/B
Gm/B♭
Diz pr'e - le não ca - ir
Re-a - gir
81
F/A
Fm/A♭
G
E♭m7
Não
ser ba - le - a - do
E-le foi a-des-
86
Dm7
D♭m7
Cm7
E♭m/B♭
tra - do Pu - ni - do sem ser jul - ga - do
Pe-lo tri-bu-nal far-
90
F7/A
D♭
da - do O - lha a - qui!
O - lha a -
93
F
qui!
O - lha a - qui!

CAPÍTULO 20

MARIA BOTA NO COLO UM MENINO ENCAPUZADO QUE, ELA TEM QUASE CERTEZA, É SEU FILHO BALEADO.

MARIA DAS DORES:
Peco ao pedir a Deus que vitimize
não o meu filho, o de outra matriz?
Ao rezar que o morto não seja ele?
Que o drama desabe longe dos meus?

Ela tira a máscara do Filho.

MARIA DAS DORES:
Sim, era pecado e por ele pago agora:
é meu filho, esburacado na desova
Desencarnado num encarnado vivo
alvejado em cheio por velhos inimigos

Parece que minha anatomia tem um erro
É muito pouco peito pra tanta dor
Enterra o dia outra Maria velando o filho
Um mar de angústia me cerca. Sou a ilha

Dorme, menino, nestes braços curtos
de quem ama ainda mais quem já amava muito
Pra amenizar a dor, talvez agora só com ódio
Fecho os olhos e digo vem, raiva, me absorve

Maria das Dores pega um caco de vidro e pressiona na própria garganta. As câmeras de TV se aproximam.

MARIA DAS DORES:
Só saio quando vier o responsável
Entendedores: tá dado meu recado
Ou não haverá um enterro ou terá dois:
minha morte ao vivo pra audiência atroz

O Autor aplaude. Maria das Dores não.

MARIA DAS DORES:
O que foi que a gente ganhou com isso?

AUTOR:
Estou ajudando a divulgar a história de vocês. E ainda vou expor o maior culpado por tudo que acontece.

MARIA DAS DORES:
A gente tá sempre na televisão. Ela tá o tempo todo mostrando o culpado lá de cima. Adiantou alguma coisa?

AUTOR:
O teatro é diferente da TV. Ele serve pras pessoas refletirem.

MARIA DAS DORES:
Mas isso serve pra quem?

AUTOR:
Pra quem?

MARIA DAS DORES:
Pra gente ou pro senhor?

AUTOR:
A senhora está querendo insinuar o quê?

MARIA DAS DORES:
Creonte.

AUTOR:
O quê?

MARIA DAS DORES:
É isso que o senhor ouviu. Pra mim o senhor tá fazendo igualzinho ao Creonte. Disse que isso aqui era uma Antígona ao contrário, mas não tem nada de ao contrário. Me fez ficar vendo o corpo do meu filho o tempo todo ali, na frente de todo mundo, sem poder enterrar.

Maria das Dores se levanta.

MARIA DAS DORES:
Eu não dou autorização pro senhor fazer essa peça.

O Autor se levanta.

MARIA DAS DORES:
Só se o final dela for do jeito que eu quero.

AUTOR:
Ou seja, só vai ter peça se o seu filho terminar vivo. O que faz a peça perder o sentido.

MARIA DAS DORES:
Não tem sentido porque o senhor só conheceu a minha história. Mas nunca vai ter a menor ideia do que eu vivi.

O Autor sai.

CAPÍTULO 21

FIM DO COMBATE: A PEÇA TEM UM NOVO ARREMATE.

Começa o instrumental de "Vai dormir".

MARIA DAS DORES:
Música, não. Senão vai ficar parecendo teatro.

A música para. Maria das Dores olha para o Filho deitado.

MARIA DAS DORES:
Vem, filho.

O Filho se levanta e abraça Maria das Dores.

MARIA DAS DORES:
Promete pra mim que nunca mais vai a uma manifestação?

FILHO:
Mas, minha mãe. Mesmo que eu nunca mais fosse, com medo de tomar tiro, um dia iam acabar confundindo meu guarda-chuva com um fuzil. Ou minha furadeira com uma arma. Iam desconfiar de mim porque tava correndo rápido demais. Ou caminhando muito devagar. Ou passeando na garupa de uma moto. A bala deles poderia me pegar brincando no pátio do colégio. Ou assistindo TV dentro de casa. Ou entrando numa Kombi. Ou saindo de um baile funk. Ou...

Maria das Dores tapa a boca dele.

MARIA DAS DORES:
Então sobrevive hoje, meu filho. Só por hoje.

Maria das Dores abraça o Filho.

MARIA DAS DORES:
Só por hoje, meu amor. Sobrevive.

Marcos Bassini (org.)

Porque de 2013 para cá os casos de mortes praticadas pela polícia, que não eram poucos, que já eram tantos, triplicaram.
Porque mais de 75% das vítimas tinham pele negra.
Porque quase 80% delas tinham menos de 29 anos.
Porque, além da cor da pele e da idade, a grande maioria tinha como característica comum o fato de ser pobre.
Porque no dia em que comecei a escrever *Das Dores*, antes mesmo de saber qual seria a trama, jovens pobres e negros foram mortos pela polícia.
Porque no dia em que comentei com a turma do Núcleo de Dramaturgia Firjan SESI sobre a história que gostaria de contar, mais jovens pobres, negros, com baixa escolaridade, foram mortos.
Porque no dia de hoje, salvo engano, morreram mais jovens pobres, negros, com baixa escolaridade, moradores de comunidades, vitimados por uma política violenta e indiferente.
Porque hoje milhares de mães, cidadãs pobres, mulheres negras, vão dormir chorando de saudade de seus filhos.
Porque mesmo não comentando que a pele do filho da Maria das Dores é negra, as estatísticas vão continuar dizendo que ela é.

Agora que já expliquei o porquê da dramaturgia, posso dizer do porquê de um musical. Posso também contar em que momento surgiu a analogia com *Antígona*. E revelar por que foi inevitável o surgimento do embate entre Maria das Dores, a protagonista, e o personagem Autor.

A ideia do musical surgiu durante a releitura de *Morte e vida severina*, de João Cabral de Melo Neto. Como sempre acontece, quando leio algo que me impacta interrompo a leitura para fazer anotações ou escrever fragmentos de futuros poemas. Nesse caso, inspirado também pela música do Chico Buarque, acabei compondo algumas músicas para uma mãe solteira que se chamava Maria. Uma mulher sofrida, urbana (diferentemente da mãe do Severino) e que tinha perdido um filho para a violência estatal.

Enquanto tentava produzir mais músicas e poemas, algumas perguntas me vinham à cabeça. Ter a vida transformada em poesia modificou a vida daqueles Severinos de João Cabral? Até que ponto uma história é capaz de emocionar os indiferentes? O teatro, a música, a arte, de uma forma geral, seriam capazes de transformar a vida das Marias?

Foi neste momento que me dei conta de que não adiantava esmiuçar a dor da protagonista. Percebi que ela teria que ser uma Antígona às avessas. Uma mulher que não admitiria que o Estado escondesse o corpo daquele que amava debaixo da terra. Uma mãe que obrigaria os assassinos a assumir a responsabilidade pela morte do seu filho.

Eu estava neste ponto quando surgiu o jogo proposto pelo Diogo Liberano, orientador do Núcleo de Dramaturgia Firjan SESI: a criação da dramaturgia que serviria como último exercício para os alunos da turma de 2019. Para o encontro onde apresentaria um projeto de escrita, levei alguns poemas e músicas. E saí dali com uma proposta: para escrever essa história, eu precisaria conhecer melhor as mulheres que inspirariam a criação da peça.

Aceitei o desafio, pedi ajuda à jornalista Maria Morganti e ela me colocou em contato com Lidiane Malanquini, pesquisadora e coordenadora da Redes, uma organização que se dedica à promoção de uma rede de desenvolvimento sustentável voltada para a transformação estrutural do conjunto de favelas da Maré. Foi dela, Lidiane, a pergunta que atravessou a escrita de *Das Dores*: sim, posso te apresentar a algumas mães que perderam seus filhos, mas o que elas ganhariam com a sua peça?

Mesmo sem a resposta, Lidiane me apresentou a Liliane Santos, que, por sua vez, me levou para conhecer a Redes. E me convidou para uma audiência pública que aconteceria na Assembleia Legislativa do Rio de Janeiro (Alerj), promovida pelas comissões de Defesa dos Direitos da Mulher, Direitos Humanos, Combate às Discriminações, Educação, Trabalho e Habitação.

Nesse dia conheci Monica Cunha, coordenadora da Comissão de Direitos Humanos da Alerj. Uma mulher que teve o filho, Rafael Cunha, assassinado por policiais. Ela me contou sobre o Movimento Moleque, criado por ela, um coletivo de mães e familiares vítimas da violência do Estado. Discorreu também sobre o racismo estrutural no atendimento às famílias e jovens. E foi responsável pela guinada na história pregressa do filho da Maria das Dores, ao me contar que Rafael, antes de ser morto, tinha sido internado algumas vezes em unidades do Departamento Geral de Ações Socioeducativas (DEGASE).

Saí dali com a certeza de que *Das Dores* precisava de uma terceira trama, inspirada nos desafios que se apresentaram durante a escrita e insinuada na epígrafe extraída de *Tebas Land*, do dramaturgo Sergio Blanco: um embate entre o autor (mais preocupado com a arte do que com a vida) e a protagonista.

Agradeço aqui, portanto, a todas essas mulheres que deram dicas, dividiram experiências, apontaram minha ignorância e me revelaram quem era Das Dores.

Encerro explicando o título deste posfácio.

Esta dramaturgia é a prova de que ninguém escreve nada sozinho. Muitas vezes me senti mais um organizador de ideias que um dramaturgo. E *Das Dores* só é o que é, e certamente se tornou melhor do que seria, por causa do Núcleo de Dramaturgia Firjan SESI.

Além de ser agradecido ao Diogo Liberano, que ajudou em cada reescrita, preciso dizer obrigado também aos colegas que tiveram a dramaturgia publicada pela Cobogó, Suzana Velasco e Filipe Isensee, bem como ao João Ricardo e ao Lúcio Martínez, pelas ideias, rigor e generosidade. Estão presentes também, no resultado que você tem em mãos, os conselhos e as críticas de Sergio Lipkin, Sonia Alves, Paulo Barbeto, Agatha Duarte, Zé Alex, Gabriela Chalub, Teo Pasquini, Mayara Maximo, Tiago Torres e Leonardo Hinckel.

Agradeço também a André Poyart e Rafael Sperling, que me ajudaram a lapidar as composições, e a Maíra Lana e Thati Carvalho, que deram voz a Maria das Dores e suas interlocutoras.

Marcos Bassini

© Editora de Livros Cobogó, 2021

Editora-chefe
Isabel Diegues

Editora
Mariana Delfini

Gerente de produção
Melina Bial

Revisão final
Débora Donadel

Projeto gráfico de miolo e diagramação
Mari Taboada

Capa
Guilherme Ginane

A Firjan SESI não se responsabiliza pelo conteúdo publicado na dramaturgia e no posfácio deste livro, sendo os mesmos de exclusiva responsabilidade do autor.

CIP-BRASIL. CATALOGAÇÃO-NA-FONTE
SINDICATO NACIONAL DOS EDITORES DE LIVROS, RJ

B321d
Bassini, Marcos
Das dores / Marcos Bassini.- 1. ed.- Rio de Janeiro : Cobogó, 2021.
152 p. (Dramaturgia)
partituras
ISBN 978-65-5691-049-9

1. Teatro brasileiro. I. Título. II. Série.

21-74114
CDD: 869.2
CDU: 82-2(81)

Leandra Felix da Cruz Candido- Bibliotecária- CRB-7/6135

Nesta edição, foi respeitado o Acordo Ortográfico da Língua Portuguesa de 1990, que entrou em vigor no Brasil em 2009.

Todos os direitos em língua portuguesa reservados à
Editora de Livros Cobogó Ltda.
Rua Gen. Dionísio, 53, Humaitá
Rio de Janeiro — RJ — Brasil — 22271-050
www.cobogo.com.br

Outros títulos desta coleção:

Coleção Dramaturgia

ALGUÉM ACABA DE MORRER LÁ FORA, de Jô Bilac

NINGUÉM FALOU QUE SERIA FÁCIL, de Felipe Rocha

TRABALHOS DE AMORES QUASE PERDIDOS, de Pedro Brício

NEM UM DIA SE PASSA SEM NOTÍCIAS SUAS, de Daniela Pereira de Carvalho

OS ESTONIANOS, de Julia Spadaccini

PONTO DE FUGA, de Rodrigo Nogueira

POR ELISE, de Grace Passô

MARCHA PARA ZENTURO, de Grace Passô

AMORES SURDOS, de Grace Passô

CONGRESSO INTERNACIONAL DO MEDO, de Grace Passô

IN ON IT | A PRIMEIRA VISTA, de Daniel MacIvor

INCÊNDIOS, de Wajdi Mouawad

CINE MONSTRO, de Daniel MacIvor

CONSELHO DE CLASSE, de Jô Bilac

CARA DE CAVALO, de Pedro Kosovski

GARRAS CURVAS E UM CANTO SEDUTOR, de Daniele Avila Small

OS MAMUTES, de Jô Bilac

INFÂNCIA, TIROS E PLUMAS, de Jô Bilac

NEM MESMO TODO O OCEANO, adaptação de Inez Viana do romance de Alcione Araújo

NÔMADES, de Marcio Abreu e Patrick Pessoa

CARANGUEJO OVERDRIVE, de Pedro Kosovski

BR-TRANS, de Silvero Pereira

KRUM, de Hanoch Levin

MARÉ/PROJETO bRASIL, de Marcio Abreu

AS PALAVRAS E AS COISAS, de Pedro Brício

MATA TEU PAI, de Grace Passô

ÃRRÃ, de Vinicius Calderoni

JANIS, de Diogo Liberano

NÃO NEM NADA, de Vinicius Calderoni

CHORUME, de Vinicius Calderoni

GUANABARA CANIBAL, de Pedro Kosovski

TOM NA FAZENDA, de Michel Marc Bouchard

OS ARQUEÓLOGOS, de Vinicius Calderoni

ESCUTA!, de Francisco Ohana

ROSE, de Cecilia Ripoll

O ENIGMA DO BOM DIA, de Olga Almeida

A ÚLTIMA PEÇA, de Inez Viana

BURAQUINHOS OU O VENTO É INIMIGO DO PICUMÃ, de Jhonny Salaberg

PASSARINHO, de Ana Kutner

INSETOS, de Jô Bilac

A TROPA, de Gustavo Pinheiro

A GARAGEM, de Felipe Haiut

SILÊNCIO.DOC, de Marcelo Varzea

PRETO, de Grace Passô, Marcio Abreu e Nadja Naira

MARTA, ROSA E JOÃO, de Malu Galli

MATO CHEIO, de Carcaça de Poéticas Negras

YELLOW BASTARD, de Diogo Liberano

SINFONIA SONHO, de Diogo Liberano

SÓ PERCEBO QUE ESTOU CORRENDO QUANDO VEJO QUE ESTOU CAINDO, de Lane Lopes

SAIA, de Marcéli Torquato

DESCULPE O TRANSTORNO, de Jonatan Magella

TUKANKÁTON + O TERCEIRO SINAL, de Otávio Frias Filho

SUELEN NARA IAN, de Luisa Arraes

SÍSIFO, de Gregorio Duvivier e Vinicius Calderoni

HOJE NÃO SAIO DAQUI, de Cia Marginal e Jô Bilac

PARTO PAVILHÃO, de Jhonny Salaberg

A MULHER ARRASTADA, de Diones Camargo

CÉREBRO_CORAÇÃO, de Mariana Lima

O DEBATE, de Guel Arraes e Jorge Furtado

BICHOS DANÇANTES, de Alex Neoral

COLEÇÃO DRAMATURGIA FRANCESA

É A VIDA, de Mohamed El Khatib | Tradução Gabriel F.

FIZ BEM?, de Pauline Sales | Tradução Pedro Kosovski

ONDE E QUANDO NÓS MORREMOS, de Riad Gahmi | Tradução Grupo Carmin

PULVERIZADOS, de Alexandra Badea | Tradução Marcio Abreu

EU CARREGUEI MEU PAI SOBRE MEUS OMBROS, de Fabrice Melquiot | Tradução Alexandre Dal Farra

HOMENS QUE CAEM, de Marion Aubert | Tradução Renato Forin Jr.

PUNHOS, de Pauline Peyrade | Tradução Grace Passô

QUEIMADURAS, de Hubert Colas | Tradução Jezebel De Carli

COLEÇÃO DRAMATURGIA ESPANHOLA

A PAZ PERPÉTUA, de Juan Mayorga | Tradução Aderbal Freire-Filho

ATRA BÍLIS, de Laila Ripoll | Tradução Hugo Rodas

CACHORRO MORTO NA LAVANDERIA: OS FORTES, de Angélica Liddell | Tradução Beatriz Sayad

CLIFF (PRECIPÍCIO), de José Alberto Conejero | Tradução Fernando Yamamoto

DENTRO DA TERRA, de Paco Bezerra | Tradução Roberto Alvim

MÜNCHAUSEN, de Lucía Vilanova | Tradução Pedro Brício

NN12, de Gracia Morales | Tradução Gilberto Gawronski

O PRINCÍPIO DE ARQUIMEDES, de Josep Maria Miró i Coromina
Tradução Luís Artur Nunes

OS CORPOS PERDIDOS, de José Manuel Mora | Tradução Cibele Forjaz

APRÈS MOI, LE DÉLUGE (DEPOIS DE MIM, O DILÚVIO), de Lluïsa Cunillé | Tradução Marcio Meirelles

2021

1ª impressão

Este livro foi composto em Univers.
Impresso pela Imos Gráfica
sobre papel Pólen Bold 70g/m².